novum pro

AF641019

Roman Köppel

ZEITGEIST im Management

ERFOLGREICH den Wandel gestalten

Praxisratgeber für Manager
Bereit sein für die Anforderungen von morgen

novum pro

Bibliografische Information
der Deutschen Nationalbibliothek:

Die Deutsche Nationalbibliothek
verzeichnet diese Publikation in
der Deutschen Nationalbibliografie.
Detaillierte bibliografische Daten
sind im Internet über
http://www.d-nb.de abrufbar.

ISBN 978-3-99107-163-1
Lektorat: Dr. Annette Debold
Umschlagfotos, Innenabbildungen:
Roman Köppel
Umschlaggestaltung, Layout & Satz:
novum Verlag

Gedruckt in der Europäischen Union
auf umweltfreundlichem, chlor- und
säurefrei gebleichtem Papier.

www.novumverlag.com

Inhalt

Die Gleichberechtigung der Geschlechter sowie die allgemeine Chancengleichheit sind mir sehr wichtig. Um den Lesefluss angenehm zu gestalten, habe ich mich entschieden, im ganzen Buch die männliche Form zu verwenden. Selbstverständlich ist der Inhalt geschlechtsübergreifend gültig. Ich danke für Ihr Verständnis.
Die aufgeführten Praxisbeispiele haben keinen Bezug zu meinem aktuellen Arbeitgeber.

Einleitung

Ich privat

Mit meiner Schwester durfte ich eine fröhliche und unbeschwerte Kindheit erleben. Zusammen mit der Mutter wurde viel gelacht. Mein Vater war geschäftlich oft unterwegs. Der Beitritt zu den Pfadfindern war langfristig gesehen einer der prägendsten Momente. Schon früh konnte ich selber eine Gruppe von Jugendlichen führen. Über die Jahre stieg die Verantwortung, mit knapp 20 Jahren leitete ich eine ganze Stufe. In dieser Zeit lernte ich, Events zu organisieren, vor einem großen Publikum zu sprechen, Verantwortung zu übernehmen, zuzuhören und … zu motivieren. Alle sind freiwillig bei den Pfadfindern. Nur durch Sinnstiftung kann ich längerfristig ein Team dazu bewegen, mit mir zusammen die gleichen Ziele zu verfolgen. Pfadfinder zu sein war für mich die ideale Führungsschule, um für das Managerleben gewappnet zu sein.

Heute bin ich selbst Vater von drei Mädchen im Teenager-Alter. Wir sind eine sehr aktive Familie, ob Sport oder Reisen, in unserer Freizeit sind wir immer in Bewegung. Mir und meiner Frau ist es sehr wichtig, unseren Kindern viele Optionen aufzeigen zu können. Sie sollen möglichst unterschiedlichste Erfahrungen sammeln dürfen, um dann ihren Weg gehen zu können.

Die Grundlage meiner Manager-Karriere legte ich an der Universität St. Gallen. Dort wurde mein abstraktes Denken geschärft. Vor allem der direkte Bezug zur Wirtschaft hat mich immer wieder innerlich bekräftigt, den richtigen Weg eingeschlagen zu haben. Nach meinem BWL-Studium mit Vertiefung Marketing und Personal-Management bin ich bei verschiedenen renommierten nationalen und internationalen Firmen eine Sales- und Marketing-Karriere durchlaufen. Erfolgreich habe ich international ausgezeichnete Innovationen lanciert, Neukunden gewonnen, Organisationen fusioniert, Supply-Chain-Lösungen implementiert oder in Turnaround-Situationen das Ruder auf Kurs gehalten.

Ob im Konsumgüter-, Gastronomie-, Maschinenbau- oder Dienstleistungs-Umfeld, sobald ich einen nahen Kontakt zu Kunden und Konsumenten habe, blühe ich in meinen Rollen als Head of Sales oder Chief Marketing Officer auf. Denn eines ist mir immer ganz wichtig: die Bodenhaftung! So finanzierte ich zum Beispiel mein Studium als Chauffeur in einer Bäckerei und als Wachmann einer Sicherheitsfirma. Der Kontakt zur Basis und zu verstehen, wo im Alltag der Schuh drückt, das zeichnet mich aus.

Ich bin ein Machertyp. Das Entwickeln und Formulieren einer Vision und einer Strategie machen mir Spaß. Die Idee erfolgreich umzusetzen, ist aber mein großer Motivationsfaktor. Meine Sprache kommt mit wenigen Fremdwörtern aus. Ich sag's so, wie ich denke, dass mich die Mehrheit meines Publikums versteht. Denn egal, wen ich gerade vis-à-vis habe, ich bleibe immer ich. Dazu gehört auch eine verständliche Sprache.

Meine Familie ist mein ausgleichender Pol. Mit autogenem Training halte ich meine Gedanken fokussiert, mit Gartenarbeit schöpfe ich Erdkraft.

Meine innere Triebfeder

Klar stellt man sich am ein oder anderen Tag die Frage: Warum habe ich gerade diese Unternehmung gewählt? Im Interview wurde ich ja zwischen den Zeilen auf die missliche Lage hingewiesen.

Während einer turbulenten Phase in eine Unternehmung einzusteigen bietet viele Chancen. Eine Krise zwingt einen, die Unternehmung ganz schnell im Detail zu erfassen. Aus meiner Sicht eines der effektivsten Einführungsprogramme. Kann man losgelöst von allen strategischen Aspekten, während einiger Wochen in die einzelnen Probleme eintauchen, lernt man eine Unmenge an Zusammenhängen und Abhängigkeiten. Wie tief das eigentliche Problem steckt, lernt nur, wer den Details selbst nachgeht.

Mir selbst beweisen zu können, dass ich die Herausforderung schaffe, ist meine größte Triebfeder. Positive Kundenfeedbacks, gesteigerte Umsätze, Neukunden oder ehemalige Kunden, die wiedergewonnen werden konnten, sind für mich das größte Kompliment und meine größte Motivation. Sie helfen mir, die Reaktionen der Neinsager und Verhinderer, der Rechtfertiger und der Wahrer des Gestrigen ins Positive zu drehen und sie vom Gegenteil zu überzeugen.

Lassen Sie sich nicht
einnebeln, schaffen Sie
klare Sicht.

Leben Sie „Struktur“

Was heißt Struktur?

Ob Arbeitgeber, Mitarbeiter, Lieferanten, Kunden oder Ihr privates Umfeld – alle haben Erwartungen an Sie. Und nicht zu vergessen, Sie haben die größten Erwartungen an sich selber. Gut strukturiertes Arbeiten ist zentral für den Erfolg und bedeutet für mich:

Werte leben

Offenheit, Transparenz, gute Ideen teilen, Kundenfokus. In all meinen verschiedenen Marketing- und Verkaufsrollen halte ich mich immer strikt an meine inneren Werte.

Mit Offenheit und Transparenz schafft man Vertrauen. In einer Kundenbeziehung bildet Vertrauen das Fundament einer langfristigen und erfolgreichen Zusammenarbeit. Gegenüber den Kollegen im Management signalisiert man ganz klar die Bereitschaft, ein verlässliches Visavis zu sein. Ich spiele keine taktischen Spiele, ich falle dir nicht in den Rücken, zusammen können wir Themen vorantreiben.

Gute Ideen teilen schafft Engagement beim Einzelnen und stärkt das Team als Ganzes. Zuhören und verstehen ist hier der erste Schritt. Dem Mitarbeiter die Bühne geben, seine Idee zu präsentieren, bildet den zweiten. Danach die relevanten Aspekte in die Organisation tragen und in weiteren Teilbereichen implementieren. Wissenstransfer hat für jedes Unternehmen klare ökonomische Vorteile. Für mich ist aber noch viel entscheidender, Know-how teilen ist ein Motivationsfaktor. Es signalisiert allen Teammitgliedern: Was du machst, ist wichtig, wir bauen auf dich, weiter so!

Der Kunde im Fokus

Alle Tätigkeiten einer Firma sind konsequent auf die Kundenbedürfnisse auszurichten. Jede Abteilung und jeder einzelne Mitarbeiter muss sich immer wieder die Frage stellen, wie die Kundenwünsche noch effektiver und effizienter befriedigt werden können.

Positives verstärken, nach vorne schauen

Zielgerichtet in die Zukunft zu schauen, verlangt die Probleme der Vergangenheit zu identifizieren und zu analysieren, die nötigen Maßnahmen einzuleiten und nach vorne zu blicken. Es gibt keinen Platz für Schuldzuweisungen. Die heiße Kartoffel darf nicht einfach weitergereicht werden.

Speziell in der Transformationsphase gilt es, die positiven Elemente und Strukturen zu verstärken. In einer Krisenphase zu hören, dass man in der Vergangenheit gewisse Aspekte richtig gut gemacht hat, spornt an. Es steigert das Selbstwertgefühl des ganzen Teams und hilft, das Commitment auch in schweren Zeiten zu verstärken. Gleichzeitig ermöglicht dieses Vorgehen, auf einer positiven Grundlage, schneller zu den ersten gemeinsamen Erfolgen zu kommen.

Die passenden Worte finden

Die Kunst in einer Krisensituation liegt darin, das Problem beim Namen zu nennen, ohne dabei intern neue Konflikte zu entfachen. Je rationaler und allgemeiner kommuniziert wird, umso einfacher ist es, in emotionalen Situationen die Diskussion in die gewünschte Richtung zu leiten. Faktenbasiert und -fokussiert, sich nicht in wirre Argumentationen und Erklärungen verwickeln lassen.

Wer das Problem neutral aus Sicht des Kunden schildert und analysiert, hat das Recht und die Aufmerksamkeit auf seiner Seite. Aufzuzeigen, wie die Mitbewerber vorgehen, ist ebenfalls eine Möglichkeit, die Situation zu beschreiben.

Den konkreten Fall immer auf Basis von harten Fakten, Statistiken und Kundenfeedbacks diskutieren. Im Gespräch das eigentliche Problem in den Mittelpunkt stellen, und nicht etwa die verursachende Person.

Interne Zweifler und Kritiker in die Lösungsfindung einbinden, indem man sie aktiv um ihren Input bittet.

Der Glaube an die Korrektheit der Daten! Egal ob Kundenzufriedenheits-, Marktforschungs- oder interne Performance-Daten, alle Stakeholder müssen von Beginn an überzeugt sein, dass die erhobenen Daten stimmen und die ausgewählten Datenquellen vertrauenswürdig sind. Im Idealfall werden die größten Kritiker in die Erhebung der Datenbasis involviert. Je größer die Organisation und je mehr Führungsstufen überzeugt werden müssen, desto wichtiger ist das Renommee der externen Marktforschungsagentur.

Aus Budgetgründen hatte ich über eine kleine lokale Marktforschungsagentur unsere Kunden zu den Themen Kundenzufriedenheit und Erwartungen an ihren Lieferanten befragt. Die Marktstudie zeigte auf, was alle innerlich befürchtet hatten. Um es positiv zu formulieren: Es gab sehr viel Luft nach oben. Im Konzern wollte aber niemand das direkte Kundenfeedback wahrnehmen. Eine No-Name-Agentur kann nicht das Know-how haben, die Situation richtig zu erfassen und zu interpretieren. Die Resultate wurden als falsch abgestempelt und ignoriert. Kurz darauf habe ich die praktisch exakt gleiche Umfrage mit einer der renommiertesten Agenturen in Europa durchgeführt. Der Fragebogen wurde leicht modifiziert und gekürzt. Das Resultat der zweiten Studie war fast deckungsgleich. Einziger Unterschied, erst jetzt wurden die Kundenfeedbacks als real und wichtig wahrgenommen. So blöd es klingt, aber in Zeiten des Umbruchs und der Krise, vor allem in der Phase der Problemerkennung, macht es in großen Organisationen Sinn, auf bekannte und etablierte Marktforschungsinstitute zu zählen.

Das Gleiche gilt übrigens auch bei der Auswahl der Marketingagenturen. In Großfirmen möchte niemand bei der Umpositionierung seiner Unternehmung zusätzliche Risiken eingehen. Eine neue

Image-Kampagne von einer namhaften Agentur, möglichst aus einer renommierten Werbemetropole wie zum Beispiel London oder Düsseldorf entwickeln zu lassen hat seine Vorteile. Alleine die Herkunft der Agentur ist oft schon ein indirektes Bewertungskriterium der Kampagne.

Verantwortung übernehmen und Mut zeigen

Einfach vor die Kunden hinstehen, zuhören und sich verantwortlich zeigen. Es klingt ganz simpel, aber vor dem ganzen Publikum etwas zur Chefsache zu machen, verlangt einen gewissen Mut. Denn jeder im Raum hat die klare Erwartung: Ihren Worten müssen konkrete Taten folgen. Die eingeleiteten Maßnahmen müssen sitzen.

Als Leiter der Verkaufsabteilung wollte ich mich bei einem Geschäftspartner anlässlich einer Mitarbeiter-Tagung kurz vorstellen. Ich war mir bewusst, dass wir die letzten Monate mit einigen Qualitätsproblemen zu kämpfen hatten, die Beanstandungen waren aber rückläufig, alles schien gemäß dem verantwortlichen Key-Account-Manager unter Kontrolle. Aus der kurzen Vorstellungsrunde wurde ein TV-taugliches, über einstündiges „Bashing". Gleichzeitig haben mehrere Personen lautstark ihren Unmut über unsere Dienstleistung von sich gegeben. Nach 10 Minuten schrieb ich in großen Buchstaben meine E-Mail-Adresse an die Wand und ergänzte: „Ab jetzt werde ich alle Probleme persönlich angehen. Bitte senden Sie mir alle Details zu." In den kommenden Tagen erhielt ich Dutzende Nachrichten, Fotos und Beanstandungen. Mein Postfach war voll. Im Office bildete ich als Erstes eine Taskforce. Jedem einzelnen Punkt sind wir akribisch nachgegangen und konnten so eine Großzahl von Systemfehlern aufdecken und lösen.

Nach einer langen Zeit von nicht eingehaltenen Versprechen, schlechter Performance und allgemeiner Unzufriedenheit ist Vertrauen schaffen das A und O. Mit Taten überzeugen. Die eingeleiteten Maßnahmen müssen ausnahmslos sitzen. In dieser Situation ist es wichtig, auch selbst als Manager jedem Detail nachzugehen und sich von jeder involvierten Person Updates und Bestätigungen einzuholen, dass alles termingerecht und korrekt angepasst wird. Lieber in kleinen Schritten den Zustand verbessern, als mit großen Hauruckübungen das nächste Problem schaffen. In dieser Phase hat sich zudem gelohnt, alle eingegangenen Beanstandungen systematisch zu erfassen und online mit dem Kunden zu teilen. Der Status der einzelnen Aktivitäten war für den Geschäftspartner jederzeit ersichtlich. Auf wöchentlichen Update-Meetings haben wir uns selbst an unserem Versprechen gemessen. Die Situation wurde frei von Prosa und netten Worten rein faktenbasiert beurteilt. Positive Entwicklungen dürfen dabei erwähnt werden, offene Punkte sind als solche aufzuführen und weiterzuverfolgen.

Bereits nach 2 Wochen konnten wir dank der konsequenten Problembehebung die Menge der neuen Reklamationen massiv reduzieren. Durch das rigorose Nachverfolgen haben wir sogar Probleme lösen können, die auch andere Kunden betrafen.

Definieren Sie Ihre Ziele.

Mein Ziel vor Augen sehen

Ich muss genau wissen, was ich erreichen möchte. Kann ich es in wenigen Worten verständlich zusammenfassen?

Gelingt es mir, dem CEO in die Augen zu schauen und ihm mein Ziel in wenigen Sätzen klar zu erläutern, hab ich's geschafft.

Kennen Sie den Elevator Pitch? Der Ansatz kommt aus dem angelsächsischen Raum. Falls man die Chance hat, zusammen mit einer Führungsperson einen kurzen Moment im Fahrstuhl zu verbringen, soll man die Zeit nutzen „seine Botschaft" zu platzieren.

Speziell in US-Organisationen habe ich es oft erlebt, dass man als Team einen einheitlichen Elevator Pitch entwickelt, um gegenüber dem Management als „One Voice" aufzutreten. Der zweite, und viel wichtigere Aspekt ist aber, sich vor dem CEO mit einer knackigen, konkreten Aussage positiv ins Rampenlicht zu stellen. Nutzen Sie die wenigen Sekunden, einen bleibenden, positiven Eindruck zu hinterlassen.

Ich musste im Hauptsitz eines US-Konzerns für mein Innovationsprojekt vor verschiedenen Gremien präsentieren und hatte mir während des Fluges in die USA genau meine Kernaussagen verinnerlicht. Ich kam frühmorgens in den Hauptsitz und stand prompt mit dem Konzern-CEO, der mich vorher noch nie gesehen hatte, zusammen im Fahrstuhl. Ich platzierte meine Botschaft, bekam ein nettes Lächeln und ein „Sounds great" zurück, dachte noch dabei: „Okay, ins eine Ohr rein, zum andern Ohr raus." Aber es hat gewirkt! Das Projekt wurde genehmigt und umgesetzt und ein kommerzieller Erfolg.

Kann ich ein Konzept oder eine Strategie in wenigen Worten verständlich zusammenfassen, bin ich fähig meine Story überzeugend zu verkaufen.

Ein packender Elevator Pitch basiert auf folgenden Elementen:

Definition der Situation: Zeigen Sie auf, dass Ihre Zielgruppe mit einem relevanten Problem konfrontiert ist.

Ihre Lösung: Fassen Sie ihr Konzept in wenigen Worten zusammen und unterstreichen dabei, wie dadurch das Problem Ihrer Zielgruppe gelöst wird.

Mitbewerber: Was macht Ihren Ansatz einmalig? Wieso ist Ihre Lösung besser?

Finanzieller Erfolg: Was ist der wirtschaftliche Effekt? Wann wird der Break-even erreicht? Wie groß ist das Umsatzpotenzial?

Meilensteine: Wo steht das Projekt, welche Entscheide stehen an?

Es empfiehlt sich, eine Kurzversion von wenigen Sätzen als Basis zu formulieren. Gelingt es Ihnen, die Aufmerksamkeit auf sich zu lenken, sollten Sie Ihre Botschaft im Sinne eines Executive Summary in knapp einer Minute zusammenfassen können.

Das Wichtigste von allem: Vermitteln Sie Ihre Botschaft mit Freude und Überzeugungskraft. Stecken Sie Ihr Visavis mit Ihrer Begeisterung an.

Die Basis für Erfolg schaffen

Ihr privates und geschäftliches Umfeld bilden die Grundlage für Ihren Erfolg. Schaffen Sie die Voraussetzung, dass Sie sich voll verwirklichen können. Passt Ihre Umgebung zu Ihnen? Fühlen Sie sich wohl? Haben Sie sogar die Möglichkeit, Ihren Lebensraum noch besser auf Ihre Bedürfnisse abzustimmen?

Privatsphäre

Mein Kraftort, mein Rückzugsort, meine Basis für freie Gedanken, mein Anker. Ich bin für mich selber, meine oberste Priorität. Ich achte auf ein gesundes Körperbewusstsein und investiere meine Energie in ein intaktes Umfeld. Wenn ich mit mir selber im Reinen bin, kann ich klar denken, stehe in meiner Mitte und bin bereit, mein Ding zielstrebig durchzuziehen. Ich bin von meinem Tun absolut überzeugt und lasse mich von nichts von meinem Weg abbringen. Damit bin ich perfekt vorbereitet, jeden Tag aufs Neue im Job Vollgas geben und durchstarten zu können.

Schaffen Sie sich deshalb genügend Freiraum, Ihr Privatleben zu hegen und zu pflegen. Investieren Sie Zeit und Engagement in sich selber. So können Sie sich persönlich entfalten und behalten die Bodenhaftigkeit. Sie selber sind für Ihr Wohlbefinden und Ihre Work-Life-Balance verantwortlich.

Geschäftliches Umfeld

Klare Strukturen sind das Fundament für eine erfolgreiche Zusammenarbeit. Zufriedenheit basiert auf dem Fakt, dass Erwartungen erfüllt oder übertroffen werden. Ob in Sachen Qualität, Timing oder

Preis, jeder möchte eine positive Vorwärtsbewegung sehen. Der Fortschritt seiner Arbeit ist sauber zu dokumentieren und mit Fakten zu untermauern.

Es beginnt mit regelmäßigen Meetings, die seriös mit einer Agenda vorbereitet sind, Gespräche, die mit Action-Minutes dokumentiert werden. Offene Themen sind Punkt für Punkt abzuarbeiten. Der Erfolg basiert maßgeblich auf strukturiertem Arbeiten. Bedürfnisse erfassen, Vorschläge analysieren, beurteilen und konsequent umsetzen.

Kundenzufriedenheit hat auch damit zu tun, Versprechen termingerecht einzuhalten. Mit Ansprechpersonen offen, ehrlich und klar zu kommunizieren. Wer unterstützt dich, bei welchem Anliegen, in welcher Form. Nur Zusagen abgeben, die effektiv eingehalten werden können. Mit kleinen, fokussierten Aktivitäten Schritt für Schritt unter Beweis stellen, dass es Ihnen ernst ist. Mit dem kontinuierlichen Vertrauensaufbau legt man minutiös, oft unbewusst, die Basis für eine langfristige Zusammenarbeit. Gelingt es, zusammen mit dem Kunden dessen zukünftigen Bedürfnisse und Visionen zu entwickeln und zu formulieren, wird aus einer Lieferanten-Kunden-Beziehung eine echte Partnerschaft, die von gegenseitigem Verständnis und Respekt lebt und Energie schöpft.

Gönnen Sie sich eine
kurze Auszeit.

Freiraum zur Erholung

„Ich bin es mir wert!" Aus meiner Sicht einer der besten Werbeslogans. Die Frage ist nur: Bin ich es mir wirklich immer wert? Täglich sind wir den unterschiedlichsten Einflussfaktoren ausgesetzt, alle mit direktem oder indirektem Effekt auf unser Wohlergehen. Vielleicht haben Sie einen Teil Ihres Vermögens in Aktien angelegt, das tägliche Verfolgen des Aktienkurses kann in volatilen Zeiten ein extremer Stressfaktor sein. Ebenso der Baustellenlärm am Wohnort oder der Dichtestress im Großraumbüro, der Leistungsdruck im Job, die permanente Erreichbarkeit via Mobile oder der unterschwellige Druck, jederzeit Geschäfts-E-Mails umgehend beantworten zu müssen.

Lassen Sie einmal Ihren ganzen Tag vor Ihrem geistigen Auge durchlaufen. Wie viele Male pro Tag hören Sie Ihre innere Stimme, die Ihnen sagt: „Ich muss noch …, mach das noch …, ich sollte noch …"? Warum machen Sie sich den Druck? Oft zwängen wir uns selber in ein Korsett von Verpflichtungen, die gar nicht nötig wären und auch nicht von unserem Umfeld verlangt, geschweige denn geschätzt werden.

Ich habe in mehreren Unternehmen Kollegen erlebt, die sich komplett für die Firma verausgabt haben. Der Job stand über allem, Familie und Freunde waren zweitrangig. Bei einigen war ein zerrüttetes Familienleben das erste Resultat. Als Konsequenz steigerten sich diese Mitarbeiter noch stärker in ihre Arbeit. Die Firma und das Arbeitsumfeld gewöhnen sich sehr schnell an diesen Arbeitseifer. Es wird zur Normalität, dass der Kollege auch in der Freizeit am Projekt oder an der Präsentation arbeitet und Vollgas gibt. Das erste und zweite Mal wird dieser Effort noch geschätzt, danach wird es zur puren Normalität. Man erwartet es einfach, was wiederum bedeutet, es wird nicht mehr geschätzt oder honoriert. Oft ist sogar das Gegenteil zu beobachten, das Umfeld fordert unverdrossen noch zusätzlichen Einsatz. Wer in diesem Spannungsfeld nicht selber die Notbremse zieht oder signalisiert, dass er im roten Bereich dreht, steht kurz vor dem Zusammenbruch. Burn-outs habe ich leider zu oft in meinem Arbeitsumfeld wahrgenommen.

Schauen Sie ganz bewusst, dass Sie sich selber es wert sind, auf Ihre Gesundheit zu achten. Stärken Sie nachhaltig Ihre psychische und körperliche Gesundheit.

Leben Sie Ihr Privatleben?

Geben Sie Ihrem Privatleben den nötigen Raum zur Entfaltung. Nicht alles muss sofort durch Sie gemacht werden, lernen Sie zu delegieren. Nehmen Sie sich genügend Zeit für Pausen. Gut erholt, arbeiten Sie konzentrierter und effektiver.

Wer ist schon perfekt?

Nobody is perfect! Und das sollten Sie sich auch zu Herzen nehmen. An den letzten Details bis zur Perfektion herumzufeilen ist oft anstrengend und zeitaufwendig. Und Hand aufs Herz, oft lohnt sich der zusätzliche Aufwand nicht, man sieht kaum den Unterschied.

Gestehen Sie sich selber ein, dass Sie sich nicht immer auf maximale Leistung trimmen. Selbst der leistungsstärkste Sportwagen hätte schnell einen Getriebeschaden, wenn er permanent hochtourig mit Höchstgeschwindigkeit unterwegs wäre.

Fokussieren

Ob im Privatleben oder bei der Arbeit, lernen Sie ganz bewusst Nein zu sagen. Sie sind Ihr eigener Chef, Sie können Ihre Ressourcen und Ihre Kräfte am besten einschätzen. Sie müssen nicht „Everybody's darling" sein, der das Gefühl hat, jedem jeden Wunsch von der Lippe zu lesen. Ihr Umfeld gewöhnt sich sehr schnell daran und wird es nicht wertschätzen. Lernen Sie Nein zu sagen, und genießen Sie die Zeit, die sie dadurch gewinnen.

Erholen Sie sich!

Bauen Sie im Alltag Ihre eigenen Erholungsinseln ein. Das können kleine Rituale sein, wie ein kurzer Sparziergang in der Mittagspause, vor dem Arbeitsbeginn was Süßes beim Bäcker genießen oder regelmäßige Sportaktivitäten. Wichtig: Zelebrieren Sie diese Momente. Freuen Sie sich mit sich selber, dass Sie sich diese Augenblicke ermöglichen und genießen können. Lassen Sie sich diese wertvollen Momente nicht nehmen. Diese Erholungszeit gehört ganz und alleine Ihnen – und nur Ihnen!

Freuen Sie sich!

Machen Sie bewusst, was Ihnen Spaß und Freude bereitet. Hören Sie ihre Lieblingsmusik, plaudern Sie mit Freunden, gehen Sie wieder mal aus, genießen Sie Ihr Lieblingsessen, frönen Sie Ihren Hobbys. Freuen Sie sich an kleinen Dingen, und Sie werden sehen, dass Ihr Alltag voll von Überraschungen und Glücksmomenten ist. Sie müssen nur bereit sein, diese Momente wahrzunehmen. Gehen Sie mit offenen Augen und offenem Herzen durchs Leben.

Überzeugen Sie!

Kritik im Büro oder Vorwürfe im privaten Umfeld nagen schnell am Selbstwertgefühl. Lassen Sie sich nicht davon runterziehen. Motivieren Sie sich an Ihrem Erfolg. Sie fragen sich, welche Erfolge? Probieren Sie zu Hause Ihren Tag zu reflektieren. Beginnen Sie all die kleinen und großen Momente aufzuzählen, die Ihnen richtig gut gelungen sind. Ein erfolgreiches Kundengespräch, eine gute Idee oder positive Feedbacks, die Sie erhalten haben.

Nehmen Sie sich ganz bewusst die Zeit, um Ihre Erfolgsmomente zusammenzutragen. Sie werden überrascht sein, was Ihnen alles gelungen ist. Das steigert Ihr Selbstwertgefühl im Nu. Sie werden selbstsicherer und können automatisch mit Druck und Kritik besser umgehen.

Bleiben Sie im Gleichgewicht

Der tägliche Stress, unregelmäßige Essenszeiten, Geschäftsessen und Firmenanlässe gepaart mit Bewegungsmangel sind die leidigen Nebenwirkungen eines intensiven Manageralltags. Dass dabei die Gesundheit oft etwas zu kurz kommt, ist ganz normal. Für eine kurze Zeit ist eine solche Übergangsphase verkraftbar. Lässt man sich gehen und akzeptiert die Situation, fühlt man sich schnell erschöpft.

Möchten Sie, dass Sie Ihr Umfeld auch noch in gehobenem Alter als dynamisch wahrnimmt, kann ich nur empfehlen sich fit zu halten und die Ernährungs- und Trinkgewohnheiten entsprechend anzupassen. Um langfristig flexibel und agil auf die veränderten Anforderungen reagieren zu können, müssen Sie robust sein!

Eine ausgewogene Ernährung

Steigern Sie Ihre Lebensqualität durch die passende Ernährung. Es geht dabei nicht darum, auf etwas zu verzichten. Die Weisheit liegt immer im „Maßhalten". Die große Gefahr liegt in den täglichen Ritualen. Der morgendliche Latte Macchiato, die Süßigkeit nach dem Kaffee, die Pausenzigarette, das Feierabendbier, die Snacks vor dem TV. Diese Rituale umzustellen oder mit neuen Inhalten zu befüllen ist der größte und wichtigste Schritt.

Bleiben Sie bei der Ernährungsumstellung realistisch! Niemand ist ausnahmslos konsequent. Mit absolutem Zwang oder rigorosem Verzicht setzen Sie sich selber enorm unter Druck. Das nimmt Ihnen schnell die Freude und den Mumm. Erlauben Sie sich ab und zu eine kleine Ausnahme. Muten Sie sich selber nur zu, was Sie als realistisch einschätzen.

Ersetzen Sie Softdrinks durch Wasser. Achten Sie darauf, dass Sie während des ganzen Tages regelmäßig Wasser trinken. Ein ausgeglichener Wasserhaushalt ist zentral für unsere Leistungsfähigkeit. Fehlt es Ihnen an Flüssigkeit, reagiert Ihr Körper mit Durstgefühl, Schwächeanzeichen und Kopfschmerzen. Als Folge vermindert sich Ihre Leistungsfähigkeit. Die unzureichende Flüssigkeitsaufnahme ist dabei die Hauptgefahr. Trinken Sie regelmäßig, damit Sie jederzeit Ihre maximale Leistung abrufen können.

Reduzieren Sie Ihren Zuckerverbrauch. Industrieller Zucker ist die Hauptursache für Übergewicht und Typ-2-Diabetes. Sollten Sie dem Heißhunger auf Süßes verfallen, beißen Sie in einen Apfel oder eine Birne. Die enthaltene Fruktose kompensiert Ihren Wunsch nach Süßem.

Schonen Sie Ihre Verdauung. Leicht verdauliche Mahlzeiten möglichst in kleinen Portionen über den ganzen Tag verteilt, machen Ihnen Ihr Leben doppelt angenehm. Zum einen braucht der Körper beim Verdauen weniger Energie, Sie sind nach dem Essen topfit und nicht müde. Indem Sie die Mahlzeiten über den ganzen Tag verteilen, kommt bei Ihnen nie ein eigentliches Hungergefühl auf, Sie sind permanent mit genügend Energie versorgt.

Reduzieren Sie Ihren Alkoholkonsum auf ein Minimum. Ein Bier, ein Glas Wein oder ein kleiner Grappa, alles in sich sind kleine Kalorienbomben. Zusätzlich löst der Konsum von Spirituosen einen Heißhunger aus, der wiederum mit zusätzlichen Kalorien gestillt wird. Der Alkohol wird durch Ihre Leber abgebaut. Mit einem reduzierten Konsum schonen Sie Ihre Leber.

Alles eine Frage des Maßes. Passen Sie Ihre Kalorienaufnahme Ihrem Alltag an. Möchten Sie Ihr Gewicht reduzieren, haben Sie grundsätzlich zwei Stellschrauben: Bewegung und Ernährung. Je mehr Sie sich bewegen, desto mehr können Sie essen. Zum Abnehmen ist aber eine negative Energiebilanz nötig. Sie müssen mehr Energie verbrennen, als sie zu sich nehmen. Essen Sie morgens und mittags ausgiebig und reichhaltig, abends spartanisch.

Bei einem Gesundheitscheck wurde ich darauf hingewiesen, dass jedes Organ seine innere Uhr hat. Nachts von ein bis drei Uhr ist zum Beispiel die Leber am aktivsten. Sie ist unser größtes Stoffwechselorgan. Zu ihrer wichtigsten Aufgabe gehört der Abbau von Stoffen, die den Körper belasten. Beim Abbau von Fett und Alkohol ist die Leber entsprechend stark gefordert und aktiv. Sind Sie unter Umständen mit Schlafstörungen konfrontiert? Haben Sie schon mal versucht, Ihre Ess- und Ernährungsgewohnheiten ein bisschen anzupassen? Ich kann Ihnen nur empfehlen, abends den Konsum von fetthaltigen Produkten und speziell von Fleisch auf ein Minimum zu reduzieren, dasselbe gilt für das abendliche Bier oder Glas Wein. Schon nach wenigen Wochen werden Sie eine deutliche Verbesserung erkennen. Hören Sie ganz genau hin, was Ihnen Ihr Körper sagen möchte.

Immer in Bewegung bleiben

Der klassische Arbeitstag im Büroumfeld ist leider sehr bewegungsarm. Nutzen Sie jede Chance, sich zu bewegen. Es beginnt mit einfachem Treppensteigen. Machen Sie während Pausen einen kleinen Spaziergang. Anstatt mit dem Auto zum nächsten Restaurant zu fahren, könnten Sie sich die Zeit nehmen, zu Fuß dorthin zu gehen. Beim Spazieren tanken Sie Sauerstoff, die Bewegung aktiviert Ihre Zirkulation und gleichzeitig auch Ihre Gedanken. Neue Impulse werden freigesetzt.

Wie wäre es, regelmäßig 1–2 Mal pro Woche Sport zu treiben? Suchen Sie sich einen Sport aus, der Ihnen Spaß macht und Sie motiviert. Falls Sie sich in einem Fitnesscenter einschreiben, fokussieren Sie sich auf die Übungen, die Sie gerne machen. Ich persönlich ignoriere alles, was mir nicht passt und trainiere nur nach dem Lustprinzip.

Bewegung heißt auch, immer wieder Körper, Seele und Geist ins Gleichgewicht zu bringen. Sich täglich einige Minuten vom Alltagsgeschehen zurückzuziehen, um in der Stille die eigene Stimme zu hören.

Fröhlichkeit
ist ansteckend und
motiviert!

Fröhlich durchs Leben gehen

Sich an kleinen Sachen freuen

Spontan Freude an kleinen Sachen haben, vielleicht auch ab und an das Kind in Ihnen ausleben. Mit Kinderaugen durch die Welt gehen heißt auch, mit Witz und Humor alles aus einer anderen Perspektive zu sehen. Sich über ein Wortspiel amüsieren, über einen Versprecher schmunzeln können. In den Spiegel schauen und sich selber mit Grimassen zum Lachen bringen. Mit einer Leichtigkeit durchs Leben gehen, nicht alles so extrem ernst nehmen, sich immer auf das positiv Erlebte konzentrieren.

Jeder Tag bringt mindestens eine Handvoll Freuden oder Erfolgserlebnisse mit sich. Was, Sie finden das zu viel? Seit Jahren verfolge ich das gleiche Ritual vor dem Einschlafen. Ich lasse den Tag vor meinem geistigen Auge durchlaufen und versuche, all die positiven Momente nochmals kurz einzufangen. Waren es drei, vier, fünf oder mehr solcher Momente, war's ein Spitzentag. Kommen mir auf den ersten Moment nicht gerade drei aufs Mal in den Sinn, ertappe ich mich, dass ich den Blick für die kleinen schönen Momente etwas verloren habe. Durchlebe ich den Tag dann nochmals ganz bewusst, mit dem Blick fürs Kleine, merke ich schnell, dass auch das kurze Lachen am Frühstückstisch, das aufmunternde SMS des Töchterchens oder das Schmunzeln über einen Witz, den ich im Radio hörte, meinen Tag zum Erstrahlen brachten. Plötzlich realisieren Sie, wie viele aufbauende Momente Sie den ganzen Tag erlebt haben. Ob ein kleines unbedeutendes Glücksgefühl oder ein unvergesslicher Glücksmoment, mit jedem Gedanken daran verstärken Sie Ihre positive Energie. Denken Sie ganz bewusst an diese schönen Augenblicke, durchleben Sie die gleichen aufbauenden Emotionen noch einmal.

Als Führungskraft wende ich exakt das gleiche Ritual an. Auf der Rückfahrt von der Arbeit versuche ich ebenfalls meine Erfolgsmomente zu finden. Das können kleine Gesten sein, wie ein Smiley auf dem Notizzettel, ein positives Feedback eines Kunden oder ganz große

Momente wie der erfolgreiche Abschluss eines Vertrages, die Anstellung eines neuen Mitarbeiters oder der Gewinn eines neuen Kunden. Wichtig ist mir immer die Einsicht, das war ein guter Tag, ich konnte mit Freude Kleines und Großes bewegen, mit Elan die Zukunft gestalten.

Dieses Bewusstsein, dass sich immer irgendwo etwas Positives verbirgt, ist für mich eine enorme Antriebskraft. Gerade in einer Restrukturierungsphase wird man so intensiv mit Problemen und Herausforderungen zugedeckt, dass man vor lauter negativen Botschaften das Ende des Tunnels kaum sieht. Hat man die Gabe und Muße, auch in einer solchen Situation die kleinen Erfolge, Schönheiten und positiven Begegnungen zu schätzen, leuchtet das Licht am Ende des Tunnels viel heller und intensiver. Die optimistischen Gedanken treiben Sie zusätzlich an und geben Ihnen Kraft und Zuversicht, die Situation zu meistern.

Die Hand reichen

Im deutschen Wortgebrauch hat diese Redewendung drei unterschiedliche Bedeutungen, und jede einzelne ist für das Führen eines Teams oder das Bewältigen einer Krise unverzichtbar.

Jemandem entgegenkommen. Nicht nur fordern, sondern auch Bereitschaft für Kompromisse aufbringen. Alte Muster und Positionen loslassen, sich in die Rolle des Gegenübers versetzen und die Sachlage aus seiner Perspektive beurteilen und die Bereitschaft zeigen, seinen Standpunkt zu ändern.

Zusammenarbeit. Sich gegenseitig unterstützen. Das Miteinander stärken und fördern.

Bereit sein zur Versöhnung. Vergangenes vergessen und in die Zukunft blicken. Zusammen an Lösungen bauen. Aufeinander zugehen. Über den eigenen Schatten springen.

Sich die Hand reichen muss aus Überzeugung geschehen. Basiert es auf reinem Kalkül, entwickelt es sich zu einem „Eine Hand wäscht die andere“ – es erhält nur noch den Charakter eines Deals. Deals sind meist kurzfristiger Natur, und jeder Deal verlangt nach einem

Gegendeal. Willst du was, musst du was bieten. Das komplette Gegenteil von sich gegenseitig unterstützen und stärken.

Deshalb der Appell: Bieten Sie aus Überzeugung Ihre Hand an, nur das hat einen langfristigen Effekt. Gegenüber Ihrem privaten Umfeld, Ihrem Team und Ihren Kunden.

Hilfe annehmen

Darf sich ein Manager intern oder extern Hilfe holen? Ist das nicht ein Zeichen von Unfähigkeit? Riskiere ich dadurch ein Gesichts- oder Respektsverlust? Wir alle wissen es ja selber ganz genau. Niemand, und wirklich niemand ist allwissend. Die wenigsten von uns können behaupten, immer auf jede Situation die richtige Antwort sofort bereitzuhaben.

Als Manager Hilfe anzunehmen ist für mich ein klares Zeichen von Stärke, Selbstvertrauen und Selbstbewusstsein. Meinem Umfeld signalisiere ich unmissverständlich: Ich weiß, was ich will und brauche. Ich habe erkannt, wo noch zusätzliches Potenzial erschlossen werden muss, nutzen wir die Chance, noch besser zu werden. Das ist genau die Botschaft, die ein Team von einem überzeugenden Vorgesetzten erwartet.

Vielleicht braucht es etwas Überwindung, einen Mitarbeiter, einen Kollegen der Geschäftsleitung oder vielleicht sogar den CEO um Unterstützung zu bitten. Aber wer Wandel erfolgreich vorantreiben will, muss sich flexibel und agil verhalten. Bestehende Lösungsansätze sind zu hinterfragen, Know-how und Technologien sind für die Herausforderungen von morgen aufzubauen oder extern zu beschaffen.

Wer Innovationsgeist und das Streben nach stetiger Verbesserung fördern will, muss eine positive Lernkultur selber fördern und von seinen Mitarbeitern fordern. Know-how-Austausch innerhalb und zwischen Teams, mit externen branchennahen und branchenfremden Akteuren ist dabei zentral.

Leben Sie als Manager aktiv vor, was Sie von Ihren Mitarbeitern erwarten.

Offen sein. Den Königsweg schlechthin gibt es nicht, es ist immer ein Abwägen von unterschiedlichsten Aspekten. Gehen Sie deshalb mit offenen Augen und Ohren durchs Leben. Wenn Sie kleinere oder größere Know-how-Lücken identifizieren, bei sich selber oder bei ihren Kollegen, versuchen Sie diese sofort zu schließen. Gehen Sie aktiv auf Ihr Umfeld zu. Dadurch signalisieren Sie deutlich Ihren Willen, eine interne Lernkultur zu fördern.

Hören Sie zu. Nehmen Sie sich die Zeit und Muße, aktiv zuzuhören. Lassen Sie es innerlich zu, dass andere Gedanken und Lösungsansätze vielleicht effektiver und effizienter sind.

Nehmen Sie die Unterstützung an. Hilfe akzeptieren hat viel mit Demut zu tun. Zeigen Sie Ihrem Umfeld Ihre Dankbarkeit und Wertschätzung.

Sie entscheiden. Was Sie als Führungsperson schlussendlich mit den Tipps und Inputs machen, ist natürlich Ihnen überlassen. Sie haben das Zepter in der Hand. Sie alleine entscheiden, welche Aspekte Sie umsetzen wollen.

Fördern und belohnen Sie eine interne Lernkultur: Sich gegenseitig zu unterstützen fördert nicht nur die Kompetenzen jedes Einzelnen, sondern macht Ihre Organisation als Ganzes unschlagbar. Nutzen Sie Teammeetings oder individuelle Mitarbeitergespräche, um einzelne Initiativen oder Aktivitäten lobend zu erwähnen.

Gedanklich flexibel sein

Wann haben Sie das letzte Mal ein Puzzle gespielt? Sie kennen das bestimmt. Es gibt Phasen, da ist man richtig im Fluss, ein Stein nach dem andern findet seinen richtigen Platz, und man ist selber überrascht, wie schnell alles vor sich geht. Und dann gibt es Momente, da kann man grübeln und grübeln und grübeln, und man kommt keinen Schritt weiter. Was machen Sie in einer solchen Situation? Ich persönlich brauche kurz etwas Ablenkung. Etwas trinken, zwei drei Sätze mit der Familie wechseln, lachen, einen Witz erzählen oder ganz einfach schnell wegtreten, das Ganze ruhen lassen. Mit neuen Gedanken, vielleicht einer anderen Sitzposition oder einer anderen Stimmung geht man komplett anders an das Puzzle ran und findet wieder seinen Flow. Sich die Zeit geben, kurz was komplett anderes zu machen, und die Muße haben, eine ganz andere Perspektive einzunehmen, hilft extrem einen Schritt nach vorne zu kommen.

Das Leben als Manager hat sehr viel mit einem Puzzle zu tun. Wichtig ist, dass man das Gesamtbild vor Augen hat. Man muss wissen, welche Bereiche der Organisation, welche Prozesse und welche Mitarbeiter einer Firma ideal zu kombinieren sind. Damit Sie am Schluss das perfekte Gesamtbild erhalten und in diesem Umfeld das Optimale herausholen können, macht es für mich viel Sinn, sich wie bei einem Puzzle zu verhalten.

Kommt man bei einem Projekt keinen Schritt mehr weiter, gibt es nur eines: Abstand nehmen und Distanz gewinnen. Versuchen Sie das Problem aus einer anderen Perspektive zu betrachten, einen Schritt zurückzutreten, zu reflektieren und seine Position zu wechseln. Humor ist in dieser Situation Gold wert. Warum nicht mal versuchen, auf eine spielerische Art Ihren Standpunkt bewusst zu wechseln? Es wird Ihnen gelingen, die Situation aus einem anderen Blickwinkel zu sehen, und Sie kommen somit auf ganz neue Vorgehensweisen und Lösungsvorschläge.

Sie kennen die Situation. In wenigen Tagen sollen Sie eine wichtige Präsentation fertig erstellt haben. Nach mehrmaligem Durchlesen der Unterlagen haben Sie aber das Gefühl, die Geschichte ist irgendwie noch nicht so rund, wie Sie sich das eigentlich wünschen. Mit Ihrem Team schrauben Sie verkrampft an den einzelnen Seiten und merken, es wird einfach nicht besser. Je länger Sie sich im Kreis drehen, desto angespannter die Stimmung. Vergeblich versuchen Sie, gemeinsam Formulierungen für gewisse Sachverhalte zu finden, aber allen ist klar, das Resultat ist einfach nur hölzern, unbrauchbar. In solchen Momenten gibt es für mich zwei Möglichkeiten. Humor: Sobald Sie zusammen mit Ihren Mitarbeitern selber über die eigenen Formulierungen zu lachen beginnen, kommt ein neuer Schwung in die Vorbereitungsphase. Eine gewisse Selbstironie lockert alle Beteiligten auf. Plötzlich kommen Voten und Formulierungsbeispiele von Kollegen, die sich vorher zurückgehalten haben, weil Ihnen die Atmosphäre einfach zu angespannt war und Sie sich nicht trauten, was „Falsches" zu sagen.

Zweitens bringt Sie ein bewusster Rollenwechsel weiter: In einer solchen Phase ist es wertvoll, sich in die Position des Visavis zu versetzen. Wie würde mein Gesprächspartner, zum Beispiel der Kunde, reagieren? Führen Sie diesen Dialog mit dem „gespielten" Auftraggeber. Sie werden sich selber die passenden Antworten geben und bringen Ihre Botschaft auf den Punkt.

Menschen das Licht geben

Kleine Gesten machen den Unterschied. Auch wenn die Situation einer Firma angespannt und kritisch ist, schenken Sie Ihrem Team kleine Glücksmomente in Form von positiven Botschaften. Ein kurzes SMS zum Geburtstag, ein Smiley auf dem Notizzettel, immer wieder Ihre Wertschätzung mit einem herzlichen „Danke!" untermauern, ein frisches und aufgestelltes „Hallo zusammen" oder einfach ein Kompliment für eine tolle Arbeit. Jedes einzelne Zeichen ist wertvoll und wird von Ihrem Umfeld mehr wahrgenommen, als sie sich bewusst sind. Als Vorgesetzter wird jeder einzelne Schritt registriert, und jedes Wort wird in die Waagschale geworfen. Sie können als Vorgesetzter nicht, nicht kommunizieren. Sie kommunizieren immer! Nutzen Sie die Kraft dieser positiven Zeichen und Gesten und verbreiten Sie eine optimistische Stimmung in Ihrem Team.

Sich selber nicht zu ernst nehmen

Wann haben Sie sich das letzte Mal bewusst vor einen Spiegel gestellt, um mit sich selber zu sprechen? Ein Ich-Ich-Dialog von Angesicht zu Angesicht. Oder wann wurde Ihnen zum letzten Mal von einer anderen Person, zum Beispiel von Ihren Kindern, der Spiegel vor Augen gehalten?

Wenn Sie sich selber gegenüberstehen, ist dies der ideale Zeitpunkt, sich und Ihr Handeln zu hinterfragen. Mache ich effektiv, was ich vorleben möchte? Folgen meinen Worten Taten? Bin ich mir selber treu? Bleibe ich authentisch, folge ich meiner Linie und meinem Bauchgefühl?

Seien Sie ganz offen und ehrlich zu sich selber. Und ja, Sie werden sich selber ertappt fühlen. Es wird Momente und Situationen geben, wo Sie sich eingestehen müssen, dass Sie von Ihrem Kurs abgewichen sind. Gehen Sie nicht zu streng mit sich ins Gericht! Die Erkenntnis „Ich bin noch nicht perfekt" hilft Ihnen, an Ihren Idealen Tag für Tag zu arbeiten. Aber ganz wichtig – lachen Sie über dieses Experiment! Amüsieren Sie sich über sich. Wenn Sie vor sich selber über sich selber lachen können, haben Sie es geschafft.

Dynamisch bleiben

Was unterscheidet Junge in ihrer Art zu denken? Im jugendlichen Alter hat man nur Ziele vor Augen, man träumt, schmiedet Pläne. Alle Ideen und Überlegungen sind zukunftsgerichtet und voller Energie. Was früher war, interessiert kaum. Angst? Nimmt man doch in jungen Jahren kaum wahr. Und mit steigendem Alter? Man sieht oft nur noch die Probleme und Risiken. Je älter man wird, umso länger kaut man an einer Herausforderung. Man tut sich schwer, gedanklich loszulassen. Das Problem verfolgt einem den ganzen Tag, und selbst am Abend fällt es schwer einzuschlafen, weil man permanent am Nachdenken und Grübeln ist.

Bleiben Sie geistig frisch und jung. Setzen Sie sich neue Ziele, bauen Sie mental an Ihrer Zukunft. Was wollen Sie noch alles erreichen? Was würde Ihnen Spaß machen? Ob Luftschlösser oder reale Projekte ist total egal. Die inspirierenden Gedanken werden Sie beflügeln.

Die passende Teamkultur schaffen

Wurden Sie schon einmal konkret aufgefordert, die Atmosphäre innerhalb Ihrer Organisation zu beschreiben? Versuchen Sie es einmal. Es ist gar nicht so einfach, seine Kultur in wenigen Worten zusammenzufassen. Gewiss, sie ist von vielen internen und externen Faktoren abhängig, jeder Mitarbeiter trägt einen großen Beitrag zur Gesamtatmosphäre bei, nicht zu vergessen sind dabei die teils stark variierenden Tagesformen eines jeden Einzelnen. Sie entwickelt sich über längere Zeit und ist immer im Wandel. Als Führungsperson sind Sie gefordert, Ihre eigenen Werte aktiv vorzuleben und gleichzeitig sind die organisatorischen Voraussetzungen zu schaffen, damit Sie zusammen mit Ihren Kollegen Ihr volles Potenzial entfalten können und sich gleichzeitig jeder wohlfühlt. Das schafft Halt und Freude an der Arbeit.

Wie integrieren Sie neue Kollegen? Wie stellen Sie Ihre Mitarbeiter bei Geschäftspartnern vor? Worauf legen Sie Wert während Gesprächen und Meetings? Wie teilen Sie ihre Werte, und zu guter Letzt, wie drücken Sie die Wertschätzung gegenüber Ihrem Team aus?

Willkommen bei uns

Wenn Sie selber eine neue Stelle als Führungskraft starten, haben Sie klare Erwartungen an die ersten Arbeitstage. Es beginnt mit einer freundlichen Einladung, mit den detaillierten Angaben, wann und wo Sie Ihren ersten Arbeitstag starten dürfen. Ein herzlicher Empfang vor Ort. Ihr Büro ist bezugsbereit, vielleicht stehen Blumen und eine Willkommenskarte auf ihrem Arbeitsplatz. Sie haben die ersten Gespräche mit Ihrem Vorgesetzten und der Personalabteilung und lernen die Kollegen kennen, erhalten einen Einführungsplan für die ersten Wochen. Das ist doch ein Start wie im Lehrbuch!

Stellen Sie sicher, dass sich jeder Ihrer neuen Kollegen, vom Praktikanten bis zum Teamleiter, vom ersten Tag an voll willkommen und integriert fühlt. Nehmen Sie sich die Zeit, sporadisch auch mal ein Auge darauf zu werfen, wie die Mitarbeiter die einzelnen Punkte umsetzen. Zum Beispiel die Übergabe des Fahrzeuges an den Außendienstmitarbeiter. Ist der Wagen so gereinigt, wie Sie sich das selber auch wünschen würden? Die Schublade am Arbeitsplatz, bereit für den neuen Kollegen oder muss nochmals aufgeräumt, aussortiert und nachgewischt werden? Indem Sie sich selber vor Ort einen Eindruck verschaffen und vielleicht vor Ihrem Mitarbeiter selber kurz den Wischlappen in die Hand nehmen, signalisieren Sie klar: „Das ist mir wichtig! Da lege ich Wert drauf." Ich verspreche Ihnen, bei der nächsten vergleichbaren Situation wird alles nach Ihren Vorstellungen bereit sein. Unterschätzen Sie nicht, wie schnell es sich herumspricht, dass Sie auf solche Details Wert legen und auch selber vereinzelt Hand anlegen. Das ist aus meiner Sicht ein kleiner, aber wichtiger Bestandteil von aktivem Vorleben von Werten.

Begrüßung

Eine ruhige, freundliche Begrüßung strahlt schon eine Souveränität aus. Ihren Händedruck darf man spüren, aber lassen Sie nicht die Kraft hineinfließen. Zu Beginn des Meetings alle versammelten Personen mit ihrem Namen und ihrem Aufgabenbereich gegenseitig vorstellen. Danach kann dann jeder selbst einige Worte zu sich sagen.

Schaffen Sie einen wertschätzenden Rahmen für das Gespräch, und stellen Sie sicher, dass jeder in der Runde weiß, mit wem er es zu tun hat.

Am Schluss die Eckpunkte zusammenfassen und sich die verabschiedeten Maßnahmen von den verantwortlichen Personen kurz bestätigen lassen. Das Treffen wird mit einem Dankeschön und einem nach vorne gerichteten Schlusswort beendet.

Effiziente Meetings

War das nun ein wertvolles und erfolgreiches Meeting, habe ich erreicht, was ich wollte? Aus meiner Sicht ist diese Frage aus mehreren Perspektiven zu beantworten. Sind die gesteckten Ziele erreicht worden? Konnte sich jeder Teilnehmer voll involvieren und entfalten? War jeder mit Elan dabei? Ist es uns gelungen, zusammen was zu bewegen?

Wie erreiche ich die gesteckten Ziele? Vorbereitung ist das oberste Gebot. Bereits beim Versenden der Termineinladung ist sicherzustellen, dass jeder Kollege den Gesprächsinhalt, die nötigen Schlüsselinformationen sowie seine Aufgabenstellung kennt. Es sind nur für das Thema relevante Personen einzuladen, die aktiv mitgestalten können. Die Anzahl Teilnehmer ist so gering wie möglich, aber so groß wie nötig zu halten. Wer verhindert ist, hat einen Ersatz zu senden, der voll über das Thema informiert ist. Starten Sie pünktlich, die Zeit jedes Einzelnen ist wertvoll. Formulieren Sie zu Beginn Ihre Erwartungen und Ziele. Fassen Sie das Gespräch und die abgeleiteten Maßnahmen kurz zusammen, fokussieren Sie sich vor allem auf WER macht WAS bis WANN. Diese Zusammenfassung ist gleichzeitig die Agenda für das nächste Treffen. Der Folgetermin kann gleich vor Ort definiert werden. Generell wichtig, halten Sie sich an Ihr Zeitlimit.

Wie schaffe ich zusätzlich eine angenehme Meetingatmosphäre? Sorgen Sie für die räumlichen Voraussetzungen: ein aufgeräumtes, sauberes Besprechungszimmer, frisch gelüftet, wohl temperiert. Getränke und kleine Snack sind immer willkommen.

Geben Sie jedem Teilnehmer eine Bühne. Steigern Sie die Aufmerksamkeit. Nur wer präsentiert oder Notizen macht, hat den Laptop offen. Mobile Geräte sind auf lautlos zu schalten. Am Schluss: Der Raum ist so zu verlassen, wie Sie ihn als Nächstes wieder selber antreffen möchten.

Was ist bei Meetings mit externen Personen wie zum Beispiel Kunden, Lieferanten oder potenziellen neuen Mitarbeitern zu beachten? Sie sind der Gastgeber, sind der Herr im Haus und geben den Takt an. Empfangen Sie persönlich Ihre Gäste im Eingangsbereich, begleiten Sie diese nach dem Treffen wieder bis zum Ausgang. Der Gast hat sich im Gesprächsraum zuerst zu setzen, weisen Sie ihm seinen Platz zu. Sie als Leiter des Gesprächs sollten den Rücken zur Wand haben. Dadurch wird der Schall Ihrer Worte besser in den Raum reflektiert, das Volumen Ihrer Stimme wird so verstärkt.

Offerieren Sie zuerst etwas zu trinken. Falls es warm wird, Jackett ablegen oder nicht? Möchte es Ihr Gast ausziehen, empfehle ich Ihnen, dies selber auch zu machen. So bleiben Sie beide auf Augenhöhe.

Der Visitenkarten-Austausch. Überreichen Sie Ihre Karte zuerst der ranghöchsten Person, ist diese nicht eindeutig zu bestimmen, pflege ich nach dem Credo „Ladies first" vorzugehen. Aber wichtig, zeigen Sie bei der Entgegennahme der Karte den nötigen Respekt.

Wir sind pünktlich

Wenn Sie selber pünktlich sind, bringen Sie damit klar zum Ausdruck: Deine Zeit ist mir so wertvoll wie die meine. Ein klares Zeichen von Respekt und Wertschätzung.

Von der termingerechten Auszahlung der Spesen und des Salärs, dem pünktlichen Erscheinen bei Meetings, bis zum Einhalten von Abmachungen wie zum Beispiel das Festhalten an zugesagten Lieferterminen. Gehen Sie als Vorbild voraus, und signalisieren Sie dabei gleichzeitig Ihre Erwartungen. Was Sie intern im Team gemeinsam leben, hat automatisch eine Strahlkraft auf Ihre Kunden und Lieferanten.

Mit zuverlässigen Partnern arbeitet jeder gerne zusammen.

Zeit ist wertvoll

Habe ich genügend Zeit? Bin ich fähig zu einem gewissen Moment etwas erledigt zu haben? Wie beeinflusse ich mit meinem Zeitmanagement mein direktes Umfeld. Was löst meine Art bei meinen Mitarbeitern aus?

Beim Thema, „auf einen bestimmten Termin" etwas fertigzustellen – zum Beispiel eine wichtige Präsentation, habe ich drei Stereotypen kennengelernt.

Typ A lebt getreu nach dem Motto: Mut zur Lücke – ich zeige am Tag X was dann gerade mal fertig ist. Sporadisch arbeitet er an seinem Dokument. Kurz vor dem Präsentationstermin kommt eine kurze Betriebshektik auf, im Nu werden noch einige Folien reinkopiert. Oft wird das Dokument mit den Worten „Okay, das passt schon" oder „Das sollte eigentlich reichen" gespeichert. Man hat zwar nicht das Gefühl, dass die Präsentation komplett ist, aber aufgrund der fehlenden Zeit geht man den Kompromiss ein.

Typ B hat genaue Vorstellungen, was er präsentieren möchte. Er lässt sich aber mit der Vorbereitung der Unterlangen viel Zeit. Wenige Tage vor dem Termin wird nonstop daran gearbeitet, die letzten Anpassungen folgen kurz noch vor dem Präsentationstermin.

Typ C möchte für den Tag X perfekt vorbereitet sein. Er vermeidet jegliche Art von Last-minute-Überraschungen. Um die volle Kontrolle zu haben, beginnt er früh mit der Umsetzung. Sein Ziel ist es, bereits Tage vorher fertig zu sein.

Jeder der drei Typen kommt am Schluss zu seinem Werk, wie der Inhalt dargestellt oder verkauft wird, hat grundsätzlich nichts mit dem Zeitmanagement zu tun. Solange die Arbeit alleine auf die Beine gestellt wird, spielt es auch überhaupt keine Rolle, welcher Typ man ist. Erst wenn ganze Teams involviert sind, erhält der Umgang mit der Zeit eine andere Wichtigkeit.

Ich habe zu oft erlebt, wie Teams aufgrund von mangelndem Zeitmanagement und fehlender Führung wertvolle Vorbereitungszeit verstreichen ließen und dann gemäß Typ A alle verfügbaren Kräfte über Nacht und übers Wochenende dran arbeiten ließen. Für alle Beteiligten ein großer Stress, der ganz einfach zu vermeiden wäre.

Gönnen Sie sich und Ihren Mitarbeitern Ihre Ressourcen stressfrei einzuteilen. Werden Projekte oder Tätigkeiten richtig geplant, bleibt am Ende immer noch Zeit übrig. Zeit zum Denken und sich zu erholen.

Der Tag hat nun mal nur 24 Stunden, und der Arbeitstag endet nach etwas mehr als 8 Stunden. Wer sich als Führungsperson dem richtig bewusst ist, geht mit den Kapazitäten seiner Mitarbeiter behutsamer und respektvoller um. Wer das konsequent macht, holt das Maximum aus seinem Team. Wer sich dieses Gesetz verinnerlicht hat, weiß auch, wie wichtig es ist, klare Prioritäten zu setzen. Ein klarer Fokus und das Bewusstsein für das Wichtige sind Garant, dass Sie Ihre Projekte termingerecht mit den bestehenden Ressourcen erfolgreich umsetzen können.

Mit einem fokussierten Vorgehen können Sie schneller und mehr Projekte bearbeiten, und gleichzeitig setzen Sie Ihre Kollegen effizient ein. Ihr Team bleibt erholt, fit und motiviert, die ideale Basis, weitere Projekte in Angriff zu nehmen. Ihre Mitarbeiter werden Ihnen für den respektvollen Umgang mit Ihrer Zeit dankbar sein und Sie bei nächster Gelegenheit mit voller Kraft unterstützen.

Ein offenes Ohr

Wissen Sie, was aktuell in Ihrem Team besprochen wird? Was hört man im Markt über Ihre Firma? Wie sind aktuell die Kunden auf Ihre Firma zu sprechen? Gehen Sie mit einem offenen Ohr durchs Leben. Hören Sie zu, zeigen Sie Ihr Interesse! Fragen Sie nach. Hab ich wirklich alles richtig verstanden? Klären Sie Missverständnisse. Wer neugierig ist und nachfragt, lernt dazu!

Atmen Sie ruhig

Beginnen Sie vor dem Sprechen tief einzuatmen. Lassen Sie sich einige Sekunden Zeit. Mit dem Gedanken „Ich bin für meine Worte verantwortlich" atmen Sie aus.

Pflegen Sie einen stilvollen Wortschatz

Beleidigungen sind nicht mehr zu reparieren!

Druck löst Gegendruck aus

Lösen Sie die Probleme sachlich.

Verständnis zeigen

Wie schaffe ich es als Führungsperson, dass die Kollegen all ihre privaten Probleme und Gedanken hinter sich lassen und sich voll auf die Arbeit fokussieren können?

Wenn ich weiß, dass ein Mitarbeiter im privaten Umfeld mit belastenden Themen wie Krankheit, Beziehungsstress oder finanziellen Problemen zu kämpfen hat, versuche ich die Situation ganz bewusst zu entspannen. Ich möchte ihm Zeichen senden, dass er auf meine Unterstützung zählen kann. Ich verzichte aber ganz bewusst darauf, bei ihm regelmäßig nachzufragen und immer wieder sein „Problem" präsent zu machen. Dieses Nachfragen kann als hohes Interesse gedeutet werden. Es verunmöglicht aber auch, das Thema für einen Moment loszulassen oder auszublenden.

Ich versuche die Situation zu entspannen, indem ich meinen Mitarbeitern die Hand biete und kleine Zeichen setze. Mit Aussagen wie: „Falls du mal etwas Zeit für dich brauchst, mach doch einen kurzen Spaziergang“, „Falls du ein wichtiges Gespräch führen möchtest, nimm dir die Zeit und zieh dich in ein Besprechungszimmer zurück“, „Falls du dich nicht so wohlfühlst, geh doch etwas früher nach Hause“. Mit solchen Botschaften sende ich klare Zeichen: Dein Wohl ist mir wichtig, ich stehe hinter dir und unterstütze dich. Gelingt es mir als Vorgesetzter, diese Ebene zu schaffen, spürt der Mitarbeiter Rückhalt und Vertrauen.

Danke sagen

In der Hektik des Alltags geht es leider oft vergessen. Dabei hat ein Dankeschön so eine große Wirkung! Zeigen Sie Ihren Mitarbeitern Ihre Wertschätzung für die geleistete Arbeit. Es findet sich immer eine Gelegenheit für ein Merci! Sei es für das Erreichen eines gesteckten Zieles, für die vielen kleinen täglichen Inputs und Inspirationen oder einfach nur für die angenehme und motivierende Art eines Mitarbeiters. Die kleinen Gesten der Dankbarkeit im Büroalltag. Sei es das Geburtstagskärtchen, das Zusenden eines Blumenstraußes bei längerer Krankheitsabsenz, was Süßes vor den Festtagen oder zusammen als Team ein Konzert oder Event zu besuchen. Nutzen Sie die positive Ausstrahlungskraft, es motiviert!

Stopp! Stopp! Stopp!

Der Umgang mit der Eskalation

Die Diskussion wird ziellos? Sie als Verantwortlicher müssen die Sitzung vorzeitig beenden, zum Beispiel mit den Worten „Stopp, wir verlaufen uns. Bitte sendet mir schriftlich innerhalb der nächsten Stunde alle Einwände. Ich werde in den nächsten Tagen einen neuen Sitzungstermin bekannt geben". Analysieren Sie die Feedbacks, und gehen Sie dem Problem auf den Grund. Danach können Sie Ihre Kollegen zum Folgetermin einladen.

Der Ton macht
die Musik.

Qualitätssteigerung dank direkter Kommunikation

Um eine Organisation in eine neue Richtung lenken zu können, sind klare Zielvorgaben ein Muss. Was nun, wenn ein Mitarbeiter nicht die gewünschte Leistung erbringt oder sich nicht nach Ihren Vorstellungen verhält?

In einer Phase des Wandels ist es eine goldene Gabe des Managers, konstruktive Rückmeldungen zu geben. Damit beim Empfänger Ihr Feedback auf ein offenes Ohr stößt und Ihre Inputs verinnerlicht werden, sind folgende Grundregeln zu beachten:

Ich-Botschaften einsetzen: Eine Rückmeldung widerspiegelt immer Ihre persönliche Wahrnehmung der Situation. Aussagen im Stil von „Mir ist aufgefallen, dass …" untermauern, dass Sie sich auf Ihre Sicht der Dinge beziehen.

Worum geht's: Den **Sachverhalt in wenigen, präzisen Worten zusammenfassen**, und Sie sich auf das Wesentliche fokussieren.

Je konkreter die Situation, umso besser: Beschreiben Sie, was Sie mit eigenen Augen gesehen haben. Je aktueller das Beispiel, umso frischer die Erinnerung.

Objektivität hilft. Für emotionale Bewertungen hat es keinen Platz.

Der Ton macht die Musik: Achten Sie auf eine offene, zukunftsorientierte und respektvolle Formulierung, damit der Empfänger profitieren kann und Ihre Punkte in sein tägliches Wirken integriert.

Als Führungsperson ist es aber genauso wichtig, die Größe zu haben, Feedbacks von Ihren Mitarbeitern oder von Peers **entgegennehmen** zu können.

Bedanken Sie sich für die Rückmeldung. Schauen Sie es als Geschenk an. Ein Visavis ist an Ihnen interessiert und möchte Sie weiterbringen. Sollte was nicht ganz klar sein, einfach nachfragen!

Die **richtige Körperhaltung** signalisiert, dass Sie offen und bereit sind für den Dialog. Vermeiden Sie verschränkte Arme, oder wenn Sie gerade sitzen, ein Zurücklehnen in Ihrem Stuhl, das könnte als Zeichen von Ablehnung gedeutet werden. Mit offenen Händen, einem leichten Nicken und einer dezent nach vorne geneigten Körperhaltung zeigen Sie ein Grundinteresse und deuten an, gewisse Punkte nachvollziehen zu wollen und vielleicht auch zu können.

Sind Sie mit dem Feedback nicht einverstanden? Das dürfen Sie nicht einfach so stehen lassen. Kritik nur entgegenzunehmen wäre der falsche Weg. Vereinbaren Sie einen Folgetermin, um mit einer gewissen Distanz Ihre Stellungnahme zu besprechen. Dabei ist der Blick nach vorne zentral. Versuchen Sie die gemeinsame Basis zu betonen, verbindende Werte zu verstärken und nach vorne zu schauen. Bauen Sie an zukunftsgerichteten Lösungen.

Kritiker in Schach halten

Aber wie verhalte ich mich, wenn ich während einem Meeting vor versammelter Runde von einer Person persönlich hart angegriffen werde? Was lasse ich mir bieten? Soll ich kontern?

Ob gerechtfertigt oder nicht, wer emotional angegriffen wird, sollte immer in einer kontrollierten rationalen Art reagieren. Wer probiert, auf einen Angriff emotional zu kontern, verliert – immer! Denn eine emotionale Antwort löst automatisch neue Emotionen beim Gegenüber aus. Eine Diskussion wird unkontrollierbar und kann sich ins Endlose hinaufschaukeln.

Werden Sie attackiert, gibt es im Business-Umfeld nur eine Art zu reagieren: Cool bleiben! Als erstes die Kritik kontrolliert, rational entgegennehmen und dann versuchen, die Situation zu beruhigen. Mit folgenden Sätzen können hitzige Diskussionen schnell und elegant beendet werden: „Ich werde die Situation analysieren", „Ich gehe der Sache auf den Grund" oder ganz einfach „Ich schaue es mir an und melde mich wieder". Zeigen Sie mit Ihrer Körperhaltung eine Offenheit für Kritik, hören Sie zu und machen Sie sich Notizen.

Wer souverän und objektiv bleibt, überzeugt! Signalisieren Sie Ihr Interesse an einer sachlichen Richtigstellung. Mit der Ankündigung, die Sachlage zu analysieren, gewinnen Sie Zeit. Zeit, die richtigen Argumente zu finden. Zeit, die Emotionen der Gegenseite abklingen zu lassen.

Auch wenn Sie ein Kollege sehr verletzend vor dem ganzen Team diffamiert hat, immer Haltung bewahren! Etwas Distanz gewinnen indem Sie die Diskussion 1–2 Tage ruhen lassen. Danach empfehle ich, das Gespräch mit der entsprechenden Person zu suchen. Konfrontieren Sie ihn mit seinen Aussagen, und teilen Sie ihm mit, dass er sich bei Unklarheiten oder Unstimmigkeiten immer direkt an Sie wenden soll.

Ich persönlich habe in mehreren Unternehmen die Erfahrung gemacht, dass immer die gleichen Akteure die Tendenz haben, Kollegen vor dem versammelten Gremium bloßzustellen. Wenn Sie genau wissen, dass Sie während dem nächsten Meeting heikle Punkte präsentieren müssen, die bei diesen Kritikern auf Gegenwind stoßen, gibt es nur eines: Weihen Sie diese Personen bereits im Vorfeld in die Thematik ein. Die Kritiker zu einem Teil Ihrer Präsentation machen. Schon der einleitende Satz: „Wie bereits im Vorfeld mit dem Leiter Verkauf besprochen …", gibt Ihren Ausführungen eine zusätzliche Legitimität, der entsprechende Verkaufsverantwortliche hat nun kaum mehr einen Ansatzpunkt, Sie zu attackieren.

Dass eine Firma in eine Krisensituation geraten ist, kann die unterschiedlichsten Ursachen haben. Nicht selten sind es interne Gründe. Mangelnde Kommunikation oder ein Fehlen von ehrlichen und objektiven Rückmeldungen hindern eine Organisation, aus innerer Kraft besser zu werden. Ohne diese Triebfeder geht viel positive Veränderungsenergie verloren. Spornen Sie Ihr Team zu einer aktiven Feedbackkultur an. Leben Sie es vor! Veränderung durch Dialog.

Klarheit schaffen

Klare Verantwortlichkeiten, Aufgabenzuteilungen, Organisationsdiagramme, wer macht was. Eindeutige Jobbezeichnungen, und diese auch in der Stellenbeschreibung und im Arbeitsvertrag festhalten. Das hilft intern Vertrauen aufzubauen und Freude an der Verantwortung zu entwickeln.

In der Verkaufsorganisation heißt dies speziell: unmissverständliche Zuteilung der Kunden. Wer betreut wen? Gerade bei Key-Accounts ist die interne Definition der Zuständigkeiten umso wichtiger.

Machen Sie es neuen Teammitgliedern so einfach wie möglich, sich in ihrer Rolle sofort zurecht zu finden. Starten Sie mit einem strukturierten, mehrwöchigen Einführungsprogramm. Lieber zu stark ins Detail eingehen als zu oberflächlich bleiben.

Alles an seinem Platz

Von der Datenablage auf dem Server bis hin zur Organisation der einzelnen Arbeitsplätze. Klarheit und Aufgeräumtheit. Für ein effizientes und effektives Arbeiten ist es für mich zentral, dass jeder im Team weiß, wo er die Informationen findet. Stellen Sie Spielregeln auf, wer, wo, was, wie abspeichert. Es klingt trivial – aber aus meiner Erfahrung eines der Knackpunkte.

Speziell in Verkaufsorganisationen sind wichtige Kundendaten, Verträge, Korrespondenzen, E-Mails und Präsentationen zentral zu dokumentieren. Jeder Verkäufer muss wissen, wo die relevanten Daten zu finden sind.

Raum für Veränderung

In welches Umfeld passt der Satz „Das haben wir schon immer so gemacht!"? Sie kennen diese Büros, vollgestopft mit Souvenirs aus alten Tagen, inmitten von vergilbten und dahinserbelnden Zimmerpflanzen. Das Büro bis auf die letzte Fläche zugestellt, um klar zu signalisieren, das ist mein Reich, kein Platz für andere Personen oder andere Ideen und Gedanken. Wie man sich bettet, so schläft man, oder wie ich es sehe: Wandel ist nur möglich, wenn man allen Ballast abwirft und nicht an der Vergangenheit klebt. Weg mit alten Statussymbolen und Slogans.

Schaffen Sie Platz für neue Gedanken und neues Verhalten. An einem Arbeitsplatz frei von persönlichen Erinnerungsstücken und Bergen von Akten fühlt man sich jederzeit willkommen, ein spontanes Gespräch kommt schneller zustande. Der einzelne Arbeitsplatz wird zur Begegnungszone. Gerade in einem Großraumbüro oder in einem Büro mit mehreren Personen ist es wichtig, dass man sich gegenseitig genügend Platz lässt.

Alte, verkrustete Strukturen aufbrechen. Losgelöste Einzelteams oder Gruppen von Andersdenkenden müssen in die Organisation integriert werden. Für den Wandel müssen alle bereit sein.

Neuer Schwung

Die Organisation ist so zu strukturieren, dass sie dem Kunden den höchst möglichen Nutzen bietet. Jeder Mitarbeiter muss sich bewusst sein, was die eigentlichen Bedürfnisse ihrer Kundschaft sind, damit er seinen Job am effektivsten ausüben kann. Setzen Sie auf die Kollegen, die bereit sind, den Wandel mitzutragen und im Interesse ihres Auftraggebers zu arbeiten.

Haben Sie resistente Verweigerer und Kollegen im Team, die nicht in Ihrem Sinne agieren? Nehmen Sie diese Mitarbeiter mit auf Ihre Reise. Einzelgespräche und mögliche Besuche vor Ort helfen, das Verständnis für den Kunden zu schärfen und den beabsichtigten Fokus zu etablieren.

Alle Gespräche und Maßnahmen helfen nichts? Suchen Sie den Kontakt zu Ihrer Personalabteilung. Bestimmt lassen sich innerhalb der Organisation neue Einsatzbereiche für den Kollegen finden, welche keinen direkten Kundenkontakt beinhalten.

Gerade in Verkaufs- und Serviceteams empfehle ich, schnellstmöglich die qualitativen und personellen Schwachstellen zu identifizieren.

Oft reichen schon kleine Maßnahmen, wie zum Beispiel eine Neuaufteilung der Kunden, um die Motivation der Mitarbeiter zu steigern. Das führt automatisch zu einem erhöhten Kundenfokus, einer tieferen Fehlerquote und einer gesteigerten Zufriedenheit.

Setzen Sie auf zukunftsgerichtete Personen, die mit Ihnen den Wandel vorantreiben. Und zeigen Sie Mut, indem Sie über Jahre etablierte Strukturen hinterfragen und ihre Organisation auf die Bedürfnisse Ihrer Auftraggeber ausrichten.

Die Basis für einen Kulturwandel ist geschaffen. Nun ist es an der Zeit, über Fehler der Vergangenheit transparent zu sprechen, um daraus wichtige Erkenntnisse und Verhaltensänderungen für die Zukunft ableiten zu können.

Stellen Sie sich vor, Sie stoßen zu einer Firma, die fast 2 Jahre lang eine interne Reorganisation nach der anderen durchlebt hat. In jeder Phase wurden Verantwortlichkeiten intern immer wieder neu definiert, Personen anderen Teams zugeteilt, Jobtitel neu verteilt. Bis sich die Mitarbeiter in die jeweiligen Rollen eingelebt hatten, wurde der Kuchen schon wieder neu verteilt. Die Marketing-Verkaufsabteilung kann sich im Tagesgeschäft mit Müh und Not über Wasser halten, Verantwortlichkeiten sind unklar, vieles beruht auf dem Zufallsprinzip, Termine werden nicht eingehalten, die Fehlerquote ist generell hoch. Die Quittung: eine extrem unzufriedene und ungeduldige Kundschaft. Sie stellen schnell fest, dass jeder alles macht und niemand was richtig bis zum Schluss sauber durchzieht. Und bei Fehlern wird der Grund des Übels immer in anderen Abteilungen gesucht. Hier muss sich was ändern!

In einem ersten Schritt sind klare Strukturen im Team zu schaffen. Jede Aufgabe ist einer Person zuzuordnen, Stellvertretungen sind zu definieren. Im Verkaufsteam ist jeder einzelne Kunde einem Account Manager zuzuweisen. Bei dieser Neuorchestrierung der

Aufgaben und Verantwortlichkeiten ist ganz bewusst auf die Fähigkeiten der einzelnen Mitarbeiter zu achten. Das reicht von Fremdsprachenkenntnissen über Netzwerke aus vergangenen Jobs bis hin zu persönlichen Hobbys und Präferenzen. Die neuen Strukturen sind idealerweise zusammen mit Ihrem Team zu erarbeiten und anschließend der ganzen Organisation und den direkt betroffenen Kunden zu kommunizieren.

Der neuen Aufgabenzuteilung entsprechend ändert sich die Zusammensetzung der einzelnen Arbeitsplätze. Kollegen, die eine gefühlte Ewigkeit zusammen ein Büro teilten und darin „ihren Büroalltag lebten", teils sind das ja fast Firmen innerhalb der Firmen mit eigenen Spielregeln, können durch die Neugliederung besser in die Organisation eingebettet werden. Klar wird die Vorgehensweise bei einzelnen Betroffenen auf wenig Anklang stoßen. Da aber das „große Ganze" von allen Beteiligten getragen wird, haben Sie mental die indirekte Freigabe von jedem Einzelnen erhalten, die nötigen Schritte einzuleiten.

Parallel zur Umorganisation kann die Anzahl Möbel in den einzelnen Büros reduziert werden. So schaffen Sie mehr Raum zum Atmen und signalisieren klar – wir haben weniger Platz, vor dem Umzug müssen wir kollektiv ausmisten. Ich empfehle Ihnen, als gutes Beispiel voranzugehen, indem Sie selber all Ihre Schränke und Ablagen entrümpeln. Sie könnten dann zum Beispiel ein Foto von Ihrem Müllberg machen und an Ihr Team mit einem witzigen Kommentar weiterleiten. Die Reaktion wird postwendend kommen.

Innerhalb von wenigen Wochen steht Ihre neue Organisation, die Rollen und Aufgaben sind auf die Bedürfnisse Ihrer Kunden abgestimmt, die Büros sind neu belegt, und alle haben Platz für einen mentalen Neustart geschaffen.

In einem zweiten Schritt bestimmen Sie im Team, welche Ziele zusammen erreicht werden sollen. Ich empfehle Ihnen, sich nur auf wenige übergeordnete Schwerpunkte zu konzentrieren. Daraus abgeleitet werden einzelne Projekte definiert.

Gemeinsam verändern

Der Wandel kann nicht einfach vom Vorgesetzen angeordnet werden. Er darf auch nicht als klassisches Projekt gesehen werden. Wandel muss in den Köpfen ankommen und zu einem eindeutigen Bekenntnis werden. Wir hinterfragen alles und sind offen, jeden einzelnen Aspekt aus verschiedenen Blickwinkeln zu betrachten.

Er beginnt erst zu wirken, wenn jeder sein Handeln und Denken neu ausrichtet. Das ist nur möglich, wenn die Kollegen direkt in den Prozess involviert werden.

Machen Sie Ihre Mitarbeiter zu aktiven Gestaltern der Veränderung. Wie? Indem Ihre Teammitglieder direkt die Verantwortung für solche Transformationsprojekte übernehmen. Jeder soll dabei für mindestens eines die Verantwortung übernehmen.

Kennen alle die übergeordneten Ziele? Das ist zwingend, damit Ihr Mitarbeiter sein Projekt in den Gesamtkontext einordnen kann. Stellen Sie sicher, dass jeder seine persönlichen Projektziele kurz und prägnant zusammenfassen kann. Wenn diese gleichzeitig auch mit den individuellen Zielvereinbarungen übereinstimmen, umso besser. Aber die Realität ist eben oft, dass in einer Restrukturierungsphase das Tagesgeschäft im Vordergrund steht und Personalthemen, wie zum Beispiel das Definieren der Leistungsziele, erst an zweiter Stelle folgen. Ganz wichtig: Stellen Sie sicher, dass alle in die gleiche Richtung rudern.

In den Folgewochen hat jedes Teammitglied sein Projekt konsequent umzusetzen. Dadurch kann jeder innert kurzer Zeit die ersten Erfolge seines neuen, fokussierten Vorgehens präsentieren. Zusammen liefern Sie den Beweis, dass Sie den Wandel ernst nehmen und Ihr Business aus einem anderen Blickwinkel anschauen und somit Ihren Job neu interpretieren. Gleichzeitig wird es ein großer Motivationsfaktor für Ihre Mitarbeiter. „Ich kann mit meinem Projekt wesentlich am Erfolg der Firma mitgestalten. Ich schaffe es, innert weniger Wochen einen signifikanten Wandel voranzutreiben."

Ein professioneller
Außendienst ist Ihre
Visitenkarte.

Das Verkaufsteam

Die heimlichen Juwelen einer Verkaufsorganisation sind ein orchestrierter, diszipliniert geführter Außendienst.

Ob als sympathischer Problemlöser vor Ort, als Markenbotschafter, als Umsetzer von Kampagnen, ganz klassisch als Türöffner für neue Kunden oder als Bollwerk zur Verteidigung von Marktanteilen: Wer auf einen gut eingespielten Außendienst setzen kann, weiß seine Wichtigkeit zu schätzen. Ein klares Differenzierungsmerkmal gegenüber den Mitbewerbern.

Ich war auf nationaler und internationaler Ebene intensiv mit Außendienstteams im B2C- und B2B-Umfeld beschäftigt. Für einen erfolgreichen Außendienst sind aus meiner Sicht folgende Faktoren zentral:

Eine zielgerichtete Verkaufsorganisation

Jedem Verkaufsmitarbeiter muss ganz klar sein, für welche Kunden er aktuell zuständig ist, und noch viel wichtiger, welche potenziellen Kunden in sein Portfolio gehören.

Ein Verkaufsgebiet kann aus meiner Sicht entweder rein geografisch aufgeteilt werden, oder die einzelnen Segmente bzw. Verkaufskanäle definieren die Verantwortlichkeiten. In einer solchen Organisation kann es somit vorkommen, dass ein größeres geografisches Gebiet durch mehrere Außendienstmitarbeiter bearbeitet wird, sich die entsprechenden Kollegen aber auf verschiedene Zielgruppen fokussieren. Solange nur angestammte Kunden betreut werden, sind beide Varianten gleich einzustufen. Bei einer geografischen Einteilung kann das Tourenmanagement sicher effektiver gestaltet werden, da die Gesamtheit aller Ansprechpersonen auf einer kleineren Fläche konzentriert ist; die kanalspezifische Organisation hat wiederum den Vorteil, dass der Verkäufer exakt die Bedürfnisse seiner Segmente kennt und entsprechend vertiefter auf sie eingehen kann.

Die Herausforderung beginnt dann, wenn Neukunden zu akquirieren sind, und zwar solche, die vielleicht nicht genau den bestehenden Segmenten zuzuordnen sind. Ich habe das im Retail-Umfeld selbst erlebt. Das Verkaufsteam war in zwei Gruppen eingeteilt. Jedes fokussierte sich auf eine spezifische Zielgruppe. Wir definierten eine Wachstumsstrategie. Die Sales-Crew hatte den klaren Auftrag, potenzielle Neukunden zu evaluieren. Das Resultat war ernüchternd. „Es gibt in meinem Rayon keine neuen Shops, die ich gewinnen könnte" – der Kollege hat weder links noch rechts geschaut, sondern sich mit einer Art Tunnelblick nur auf sein angestammtes Klientel fokussiert. Angesprochen, dass es in seinem Gebiet aufgrund von neuen Konsumgewohnheiten zahlreiche neue Formate gibt, war dann seine Reaktion „Hmmm …, das ist nicht mein Segment, das macht doch die andere Kollegin". Auch sie fühlte sich nicht in der Pflicht und hatte fest damit gerechnet, dass ihr Gebietskollege dort vorstellig wird. Während Jahren wurden Chancen verpasst, weil sich schlicht und einfach niemand dafür verantwortlich gefühlt hat.

Die Aufteilung nach Kundengruppen ist aus meiner Sicht für die Akquise hinderlich. Speziell wenn neue Kanäle oder Zielgruppen erschlossen werden sollen, die nicht in die klassischen Kategorien passen, fehlt die Klarheit. Wer ist nun effektiv zuständig? Dies im Gegensatz zur Gebietsaufteilung. Ein Verkäufer ist für das fix definierte Territorium verantwortlich und kann das maximale Potenzial ausschöpfen. Es liegt ganz allein an ihm, ob ein potenzieller Neukunde von ihm angesprochen wird.

Führung mit klaren Vorgaben

Klarheit und Transparenz sind die nach meiner Erfahrung wichtigsten Treiber in der erfolgreichen Führung und Weiterentwicklung einer Verkaufsorganisation. Die Erwartungen an jeden Mitarbeiter sind konkret zu formulieren. Jeder muss genau seinen Auftrag kennen. Jeder hat zu spüren: Meine Arbeit und mein Erfolg werden analysiert und kontrolliert, die Firma will Resultate sehen.

Direkt nach meinem Studium arbeitete ich zuerst bei einem US-Nahrungsmittelkonzern im Außendienst. Die Spielregeln waren klar definiert, wöchentlich wurden die Aufträge zugeteilt, die wichtigsten Kennzahlen ausgewertet und kommuniziert und als Highlight der Woche gab's eine Mitarbeiter-Rangliste. Die Topverkäufer zuoberst, die schlechtesten namentlich auf der Liste zuunterst erwähnt. Das Team hatte im Markt den Ruf, sehr zielstrebig und erfolgreich zu sein.

Ich als Studienabgänger habe überhaupt nicht mit einer solchen Teamorganisation und -führung gerechnet. Mein innerer Antrieb – ich will in die Gruppe der Topverkäufer aufsteigen. Und zwar schnell! Ab dem ersten Tag bin ich in den Teamwettbewerb eingestiegen und hatte meine Position auf dieser Liste bei jedem Kundengespräch im Hinterkopf.

Diese einfachen Spielregeln bilden für mich das Fundament einer erfolgreichen Salesforce. Ich habe live erlebt, wie mit klaren Vorgaben, einem fokussierten Vorgehen und der offenen Kommunikation das Verhalten eines ganzen Teams schnell in eine Richtung gelenkt werden kann. Für mich war diese Live-Erfahrung sehr prägend. Ich weiß, eine effizient geführte Fieldforce kann richtig PS auf den Boden bringen. In meinen nationalen und internationalen Verkaufs- und Marketingrollen habe ich dabei festgestellt, dass dieses Erfolgsrezept zumindest im ganzen europäischen und angelsächsischen Raum seine Gültigkeit hat.

Eigenverantwortung tragen

Eigenverantwortung ist für mich generell der entscheidende Faktor. Diese ist bewusst zu fördern, und bei der Einstellung von neuen Kollegen ist darauf zu achten, dass mit dieser Verantwortung richtig umgegangen werden kann. Ein Verkäufer braucht eine ausgeprägte Verkaufs-DNA und hat immer im Sinne seiner Firma unternehmerisch zu handeln. Das ist natürlich stets abhängig von der Perspektive und der Stoßrichtung der Unternehmung. Aber generell sollte er diese Ziele und Werte verinnerlichen und dann konkret in seiner täglichen Arbeit einfließen lassen können. Dabei soll er größtenteils selbst beeinflussen können, welche Neukunden akquiriert werden sollen und welche Aktivitäten er mit den Kunden besprechen möchte.

Man könnte nun fast das Gefühl bekommen, dass die Aussage „klare Vorgaben zu definieren" in einem direkten Widerspruch zu „in Eigenregie handeln" steht. Es ist kein Widerspruch, aber ein Balanceakt, das richtige Verhältnis zwischen Vorgabe und Freiheit zu finden.

In einer Firma bin ich auf ein Außendienst-Team gestoßen, welches intern einen schlechten Ruf genossen hat. Die Leistung des Teams wurde wie folgt beschrieben: „Die sind einfach nett zu unseren Kunden, können aber nichts bewegen, die meisten Produkteinführungen klappen nicht."

Da ich ja immer einen sehr engen Kontakt zu den Kunden und Konsumenten suche, war ich einige Tage mit Kollegen unterwegs. Jeder absolvierte mit mir ein äußerst intensives Tagesprogramm. Ein vollgepacktes Besuchsprogramm war keine Seltenheit. Das Prozedere beim Kunden war dabei oft identisch. Zuerst Hallo sagen, dann die Frage „Gibt's Probleme? Ist alles klar?", und dann die Aussage: „Ich hätte da noch eine spannende Aktion für dich." Zum Schluss gab's einen Kaffee. Kommt Ihnen diese Situation auch bekannt vor? Ich war's ja aus meiner Zeit aus der Kaffeebranche gewohnt, viel Kaffee zu trinken – aber die zahlreichen Espressi waren definitiv zu viel! Nachdem ich das gleiche Verhaltensmuster bei mehreren Kollegen parallel gesehen hatte, war mir klar – hier muss sich dringendst was ändern. Der Handlungsbedarf war offensichtlich.

Ich persönlich bin voll überzeugt: Nur, wenn man sich auf ein Kundengespräch seriös vorbereitet, kann der maximale Effekt erzielt werden. Ich änderte deshalb kurzerhand die Spielregeln. Neu mussten bis Freitagmittag alle Kundentermine der Folgewoche im CRM-System geplant werden. Zudem hatten die Verkaufskollegen für jeden Besuch ein Schwerpunktthema zu definieren: Neukundenakquise, Vorstellung von Neuheiten, Besprechung der Umsätze, Problembehandlung. Parallel dazu reduzierte ich die Anzahl der Besuche pro Tag.

Gemäß meinem Motto: Fokus, Fokus, Fokus, legte ich Wert auf weniger, dafür qualitativ wertvollere Kundenkontakte. Um das Beratungslevel der Außendienstmitarbeiter steigern zu können, entwickelten wir Beratungs-Kompetenzmodule. Einfache bis komplexe Verkaufsthemen, die vor Ort beim Kunden eingesetzt werden konnten.

Pro Mitarbeiter wurden Jahresziele definiert und dienten als Basis für die Berechnung der variablen Lohnkomponenten.

Innert weniger Wochen sahen wir eine klare Verhaltensänderung und einen positiven Effekt in unseren Verkaufszahlen. Die Neukundengewinnung sowie die Zusatzverkäufe bei bestehenden Kunden nahmen massiv zu. Die positive Entwicklung wurde dem ganzen Team transparent kommuniziert. Sie ahnen es, eine Team-Rangliste war mein bewährtes Mittel, um den Gewinnerinstinkt auch bei langjährigen Außendienstmitarbeitern zu wecken.

Erfolge zelebrieren

Den Erfolg zu belohnen und zu feiern ist für den einzelnen Verkäufer wahrscheinlich einer der wichtigsten Aspekte. Über Incentive-Programme im Verkauf, über die Höhe und die Art des Incentives findet sich viel Literatur. Aus meiner Praxiserfahrung hängt der Erfolg eines Incentive-Programmes von folgenden Aspekten ab:

- Das Programm darf nur für eine bestimmte Zeitdauer (zum Beispiel sechs Monate) oder eine bestimmte Kampagne (Lancierung eines Produktes) angelegt sein.
- Die Ziele sind klar zu definieren.
- Der Erfolg muss messbar sein.
- Das ganze Team ist über den aktuellen Stand zu informieren. Ranglisten sind in gewissen Ländern etwas kritisch, aber die Transparenz und klare Positionierung jedes einzelnen Verkäufers trägt extrem zum Erfolg der Kampagne bei. Es soll ein Wettbewerbsklima herrschen.
- Der Verkäufer muss sich durch die Erfolgsprämie motiviert fühlen. Es soll sich für ihn lohnen, diesen Extraeffort zu leisten. Das heißt, der Wert des Incentives hat monetär oder ideell genügend attraktiv zu sein.

- Die Chance, dass ich den Preis erhalte, wenn ich die Extrameile gehe, muss hoch sein.

Was funktioniert besser: Wettbewerb versus Einzelprämien? Da bei einem Verkaufswettbewerb nur wenige Topverkäufer eine super Prämie ergattern können, aktiviert das oft nur die bereits sehr guten Verkäufer. Das Mittelfeld und die wenig erfolgreichen oder vielleicht passiven Verkäufer finden von Beginn weg keine Motivation, weil die Chancen für einen Gewinn extrem klein eingestuft werden.

Möchte man aber das Verkaufspotenzial der ganzen Salesforce nutzen und bewusst eine Verhaltensänderung im ganzen Team hervorrufen, gibt es für mich nur ein Modell: erfolgsabhängige Einzelprämien für jeden einzelnen Teilnehmer. Ob Geldprämien, Gutscheine, Reisen oder Warenprämien: Eine breite Auswahl ist dabei ein wesentlicher Treiber. Der Verkäufer lässt sich doppelt motivieren, wenn er genau die Belohnung erhält, welche er gerade am besten gebrauchen kann.

Zu guter Letzt: den Erfolg gemeinsam feiern und die Besten der Besten intern und extern auf allen möglichen Kommunikationskanälen hochleben lassen. Das lobende und wertschätzende persönliche E-Mail vom Verkaufsleiter oder CEO runden die Aktion ab und sind automatisch die Basis für einen motivierten Start in die nächste Kampagne.

Die Kundenakquise

Ohne Wachstum droht Stillstand. Die Kundenbasis ist permanent mit Neukunden zu ergänzen, sonst bricht sie ganz schleichend und oft unbemerkt weg. Neue Kunden generieren heißt, die Zukunft des Unternehmens sichern. Es gibt nur wenige Firmen, die sich darauf verlassen können, dass ihnen die Kundschaft an die Tür klopft und nachläuft. Die Realität sieht leider oft anders aus.

Akquise ist eine knochenharte Aufgabe, die systematisch angegangen und umgesetzt werden muss. Egal ob auf Key-Account-

oder auf Fieldforce-Ebene, muss sie ein strategischer Schwerpunkt sein. Das oberste Management-Gremium ist verantwortlich, genau zu definieren, wer mit welchen Produkten und Dienstleistungen angegangen werden soll. Dabei sind für die Verkäufer alle nötigen Unterstützungsmaßnahmen zur Verfügung zu stellen und aufeinander abzustimmen.

Gibt es den Königsweg in der Kundengewinnung?

Der Erfolg liegt im optimalen Einsatz aller möglichen Verkaufs- und Marketingtools während der kompletten Customer Journey. Jede Chance ist zu nutzen, auf sich aufmerksam zu machen, mögliche Kaufsignale zu deuten und wenn immer möglich, sofort den Kauf abzuschließen.

Meine Erfahrung zeigt, dass ein Großteil der Verkäufer im Außendienst oder auch im Key-Account-Management ein gewisses Unbehagen in der Akquise haben. Es ist nicht jedermanns Sache. Zum einen fehlen der Mut und das Flair, potenzielle Kunden aus neuen Segmenten anzusprechen, zum anderen mangelt es an einer gewissen Selbstsicherheit, mit der richtigen Botschaft das nötige Interesse zu wecken.

Die systematische Identifikation von potenziellen Neukunden sowie die Definition der Kernbotschaft sind aus meiner Sicht ganz klar durch das Verkaufsmanagement zu orchestrieren. Ob der Erstkontakt über ein klassisches Print-Mailing, über einen Newsletter oder via ein Callcenter erfolgt, muss auf das Zielsegment, die vorhandenen Kontaktdaten und auf den Inhalt der Botschaft abgestimmt sein.

Oft ist die parallele Ansprache über mehrere Medien am erfolgreichsten. Je mehr relevante Informationen mein potenzieller Kunde von mir im Vorfeld erhalten hat, umso größer ist sein Interesse, Zeit in ein Erstgespräch zu investieren. Dabei liegt der Fokus auf dem Wort relevant. Zielgruppenspezifische Informationen sind das A und O.

Egal für welchen Weg des ersten Kontaktes Sie sich entscheiden, der Erfolg liegt im zeitnahen Follow-up. Kurz nach Erhalt einer Marketingbotschaft hat ein Vertreter der Firma anzurufen oder einen Besuchstermin zu vereinbaren. Das konsequente Nachfassen ist aus meiner Sicht die Basis des Erfolges.

Reine Direktmarketing-Kampagnen oder ausgeklügelte digitale CRM-Kampagnen sind sehr effiziente Lösungen. Im B2B-Bereich, wo langfristige Beziehungen aufgebaut werden sollen, spielt die persönliche Interaktion im Akquiseprozess immer noch eine tragende Rolle.

Über die erwähnten Kommunikationskanäle lässt sich prinzipiell alles verkaufen. Ja, selbst Investitionsgüter, welche den Wert eines Mittelklassewagens haben, lassen sich via Direktmarketing-Kampagne erfolgreich absetzen. Wer nicht daran glaubt, hat's einfach noch nicht richtig angepackt.

Mit Disziplin und Kreativität Neukunden gewinnen

Wie gesagt, liegt der Erfolg im Zusammenspiel der einzelnen Maßnahmen. Eine Akquisekampagne auf verschiedenen Levels und Medien zu führen ist klar die effektivste Variante, verlangt aber auch den höchsten Grad an Koordination, Abstimmung und Kontrolle. Industrieübergreifend hat sich für mich folgender Weg als am erfolgversprechendsten herauskristallisiert:

1. Definition potenzieller Zielkunden, im B2B-Bereich basierend auf Branchen-Datenbanken sowie den Feedbacks der Salesforce.
2. Erstellung einer zielgruppenspezifischen Print- oder digitalen Kampagne.
3. Erstkontakt via Kampagne, personalisiert, mit Bild und den Kontaktdaten des zuständigen Betreuers.
4. Kurze Zeit später nimmt der Verkaufsmitarbeiter direkt Kontakt auf. Er vereinbart telefonisch einen Meetingtermin oder besucht den Kunden spontan vor Ort.
5. Ein zeitnahes Nachfassen ist erfolgsentscheidend.

6. Falls nach dem Erstgespräch noch kein direktes Interesse besteht, werden in den Folgewochen via E-Mail, Social Media oder klassischem Direkt-Mailing fortlaufend relevante Informationen zugestellt.
7. Nach einigen Wochen hat sich der Verkaufsberater wieder aufs Neue zu melden. Wer weiß, eventuell haben die zusätzlichen Informationen oder eine veränderte Ausgangslage neues Interesse geschaffen. Jedenfalls – dranbleiben, nachfassen!
8. Vertragsabschluss erfolgt? Umgehend werden ein Dankes-E-Mail und die nötigen Informationen zur künftigen Zusammenarbeit versendet. Der Kunde sucht nach dem Kauf nach einer Bestätigung, dass er die richtige Wahl getroffen hat. Diese Gewissheit muss ihm umgehend gegeben werden.

Struktur in der Produktentwicklung

Je nach Firma wird der ganze Innovationsprozess nach dem Phase-Gate-Prozess oder ähnlichen Innovationsprozessen gesteuert. Alle haben im Wesentlichen die gleiche Logik. Am Anfang steht die Sammlung von möglichen Bedürfnissen und Ideen. Über verschiedene Meilensteine werden diese selektioniert, entwickelt und zur Marktreife gebracht.

Egal welcher Prozess und welches Projektmanagement-Tool gewählt werden, sind aus meiner Sicht für eine erfolgreiche Lancierung von Innovation folgende Punkte zentral:

Was braucht mein Kunde?

Die besten Ideen und Inputs kommen aus dem direkten Gespräch mit dem Kunden. Dabei ist für mich immer enorm wertvoll, wenn ich aus erster Hand das Problem oder die Situation geschildert bekomme. Dessen Lösungsvorschläge sind als Innovationsprojekte zwar oft nicht direkt umsetzbar, wichtig ist aber, wie er das Problem formuliert. Wenn dann mehrere Kunden unabhängig voneinander die gleichen Herausforderungen schildern, wird es spannend. Daraus lassen sich am besten konkrete Lösungsansätze ableiten. Das direkte Kundenfeedback (VOC = Voice of Customer) ist für mich eine zentrale Informationsquelle, daraus entstehen oft die Neuheiten mit Wow-Effekt.

Innovationen, die aufgrund von einzelnen Rückmeldungen aus der Verkaufsmannschaft (VOB = Voice of Business) oder aufgrund von internen Arbeitsgruppen entstanden sind, helfen das aktuelle Angebot zu optimieren.

Ist das Bedürfnis definiert, muss als nächster Schritt ein klares Entwicklungsbriefing erstellt werden. Darin sind die relevanten Features, die maximalen Kosten, der angestrebte Verkaufspreis sowie das Timing festzuhalten.

In dieser Phase ist es aus meiner Sicht sehr wichtig, dieses Briefing intern im Bereich Sales & Marketing möglichst breit abzustützen. Damit ein Produkt wirklich auch in allen Zielländern und Kanälen verkaufbar ist, müssen diese länderspezifischen Anforderungen schon früh definiert werden. Die Herausforderung liegt darin, dass der Spagat zwischen „Wunschkriterien" und „Must-have-Kriterien" gelingt. Wer in dieser Phase nicht die richtige Balance findet, entwickelt mit großer Wahrscheinlichkeit am Markt vorbei. Entweder kann die Maschine zu viel, ist technisch super ausgereift, aber für einen Großteil der Märkte einfach schlichtweg zu teuer und deshalb unverkäuflich. Oder auch oft gesehen, relevante Funktionen wurden weggelassen, und die Maschine erfüllt in gewissen Ländern etablierte Standards nicht und wird als technologisch rückständig betrachtet.

Ein kompaktes Innovationsteam

Zu viele Köche verderben den Brei! Ein Innovationsprojekt muss ganz sukzessive von einem kompakten Kernteam mit einer klaren Vision geführt werden. Dieses Team ist verantwortlich, dass der Kerngedanke des Projektes möglichst kompromisslos umgesetzt wird. Immer die effektiven Kundenanforderungen im Hinterkopf, sind genau die Features zu entwickeln, auf die der Kunde gewartet hat. Nicht mehr und nicht weniger soll das Produkt bieten. Die größte Herausforderung empfand ich dabei, konsequent zu bleiben und der Versuchung, Kompromisse einzugehen oder all den gut gemeinten Inputs seitens Verkauf oder des Topmanagements zu widerstehen.

Wenn die Kundenbedürfnisse breit abgestützt, detailliert beschrieben und dokumentiert sind, geben sie wie ein Kompass den Weg vor.

Das ideale Testumfeld

Stehen der Prototyp oder die ersten Geräte aus der Nullserie bereit für den Feldtest, habe ich unabhängig in unterschiedlichen Firmen folgende Erkenntnisse gesammelt:

Feldtests haben zum Zweck, die Marktfähigkeit eines Produktes zu testen. Dabei dürfen Schwächen und Fehler auftreten. Er muss als Chance für mögliche Optimierungen angeschaut werden. Um eine Innovation optimal testen zu können, sind aus meiner Sicht folgende zwei Punkte erfolgskritisch:

Ausschließlich Testregionen oder Testorganisationen auswählen, die offen für Neues sind und eine nötige Hands-on-Mentalität aufweisen. Denn hier werden Fehler toleriert und beim Aufkommen von Problemen wird proaktiv eine Lösung vor Ort gesucht.

Zudem empfiehlt es sich, Feldtests durch ein neutrales Team durchführen und auswerten zu lassen. Die eigentliche Entwicklercrew sollte nicht direkt involviert sein.

Testresultate als Wegweiser

In meiner Rolle als Marketingverantwortlicher war ich für ein B2B-Maschinen-Portfolio zuständig. In der Einarbeitungsphase wurde ich darauf hingewiesen, dass eine Maschine von A bis Z ein Flopp war. Ich war natürlich neugierig und wollte sicherstellen, dass unter meiner Führung solche Bruchlandungen nicht nochmals vorkämen. Was ich dann in Erfahrung brachte, war für mich ein wegweisendes Learning.

Das Produktkonzept bestand hauptsächlich aus den Inputs der Verkaufsmannschaft aus zwei Ländern (VOB). Eine Marktanalyse basierend auf direktem Kundenfeedback (VOC) existierte nicht, Anforderungen aus Drittländern lagen auch nicht vor, darum war das Produkt global kaum verkäuflich. Die eigentliche Entwicklung wurde intern durch das Entwicklungsteam umgesetzt, mit minimalen Interaktionen mit Kunden, geschweige denn mit Konsumententests oder dem Einsatz von Usability Labs.

Zum Herstellen der Test-Maschinen wurden alle Fertigungswerkzeuge bereits bestellt und produziert. Die Feldtest-Maschinen waren sozusagen schon fixfertig und entsprachen der finalen Ausführung. Da ja bereits alle Guss- und Stanzwerkzeuge vorhanden waren, konnten diese auch nicht mehr groß verändert werden. Dadurch waren auch die Möglichkeiten, später noch Modifikationen vorzunehmen, sehr beschränkt. Es konnte somit nur noch verifiziert werden, ob die Maschinen im Alltagsgebrauch funktionieren. Der Spielraum für größere Anpassungen war sehr klein.

Der Test wurde durch das Entwicklungsteam im kritischsten und konservativsten Markt umgesetzt. Ein Umfeld mit einer Null-Fehler-Toleranz. Der absolut falsche Ort. Jeder kleinste Fehler wurde als „fatales Problem" wahrgenommen. Statt diese zu beheben, wurde das Problem in der ganzen Verkaufs- und Serviceorganisation mit ausschweifender Erklärung des Übels via E-Mail geteilt. Die Innovation war in diesem Markt schon fast vor der Lancierung ein Flopp. Die Feldtests haben durchs Band aufgezeigt, wo der Schuh drückt: Die Reinigung der Maschine war mühsam. Da aber die Werkzeuge schon alle fixfertig einsatzbereit waren, ignorierte man diesen Umstand großzügig und lancierte die Maschine nur mit marginalen Anpassungen.

Die Auswertung der Kundenfeedbacks und der Maschinendaten wurde übrigens durch das Entwicklungsteam ausgeführt und waren alles andere als objektiv. Sonst hätte man den folgeschweren Entscheid wohl nicht getroffen. Das Drama nahm nun seinen Lauf. Das Resultat kann sich jeder selber ausmalen. Nach wenigen Wochen beklagten sich die ersten Kunden über die schlechte Produktqualität, kurz darauf der Super-GAU – die Sales Crew stoppte den Verkauf, das Vertrauen war weg. Was war passiert? Aufgrund der umständlichen Reinigungsprozedur wurden die wöchentlichen Reinigungszyklen nicht sauber eingehalten. Qualitäts- und Hygieneprobleme waren die Konsequenz. Punkte, die der Entwicklungsabteilung vor der Lancierung bekannt waren.

Erst nachdem die Verkaufszahlen komplett eingebrochen waren, versuchte das Entwicklungsteam das Problem technisch zu bereinigen. Bis die Lösung vorlag, war das Produkt in den Köpfen der Verkäufer schon lange gescheitert. Die neue Version funktionierte zwar einwandfrei, aber der Glaube ans Produkt war definitiv weg. Diese Null-Fehler-Toleranz-Mentalität hatte also langfristige Konsequenzen.

Gewusst wie!

- Kundenfeedbacks sind schon in einer frühen Entwicklungsphase einzuholen, zum Beispiel in Usability-Studien.
- Nur in Märkten testen, wo eine Bereitschaft für Fehler vorzufinden ist.
- Feldtests sind von unabhängigen Teams neutral zu bewerten.
- Erst ein Produkt lancieren, wenn alle Probleme aus dem Pilotversuch behoben sind.

Wie wichtig eine konsequente und fokussierte Projektführung bei einem Innovationsprojekt ist, möchte ich anhand eines konkreten Beispiels zeigen. Unsere Großkunden bezogen ihre Produkte in 200-Liter-Fässern. Bei zahlreichen Kundenbesuchen wurde ich darauf hingewiesen, dass diese Lösung sehr unpraktisch sei und gleichzeitig ein Sicherheitsrisiko darstelle. Zahlreiche Großkunden in unterschiedlichen Ländern gaben mir exakt das gleiche Feedback. Die lokalen Verkaufsmannschaften bestätigten mir unisono den Sachverhalt. Ideal wäre eine Transportlösung, welche dieses 200-Liter-Gebinde beinhaltet und gleichzeitig die Merkmale einer Sicherheits-Auffangwanne aufweist. Idealerweise könnten auch gleichzeitig die aktuell für den Transport verwendeten Holzpaletten ersetzt werden.

Zusammen mit der Entwicklungsabteilung und einem Feldtechniker haben wir ein kleines kompaktes Projektteam erstellt. Das Grobkonzept, der Anforderungskatalog und die Skizzen waren relativ schnell definiert. Die Stärke des Konzeptes war seine Einfachheit. Wir haben uns mit einem Verpackungshersteller getroffen und das Grobkonzept auf Papier gebracht. Die Zahlen sprachen ein klares Bild. Wenn die einzelne Verpackungslösung zehnmal eingesetzt wird, geht der Businessplan für die Firma auf. Das heißt, neben einem reinen Verpackungskonzept mussten wir auch gleichzeitig noch eine neue Logistiklösung aufstellen. Die Kunststoffcontainer mussten eingesammelt, gewaschen und wieder dem Produktionskreislauf zugeführt werden. Das Konzept wurde intern bei zahlreichen Verkaufs-Meetings in den Ländern präsentiert. Die Reaktionen waren identisch: Genauso eine Lösung brauchen wir. Das Management konnte überzeugt werden, dass in zwei Testländern erste Kunden auf dieses System umgestellt werden.

Zuerst wurden funktionale Prototypen mit provisorischen Werkzeugen gefertigt. Nach zahlreichen internen und externen Sicherheitstests wurden die ersten Anlagen bei Kunden installiert. Die Tests haben wir bewusst in zwei kleinen Ländern durchgeführt, die bekannt waren, sehr bodenständig und hands-on zu reagieren.

Der ganze Test wurde durch ein externes Technikerteam betreut und ausgewertet, d. h., wir haben bewusst nicht die Entwickler der einzelnen Komponenten dafür eingesetzt. So erhielten wir neutrale und transparente Feedbacks und wussten genau, was zu modifizieren war. Es gab einzelne Punkte, die korrigiert werden mussten. Aber im Großen und Ganzen war der Feldtest ein Erfolg.

Während der Testphase haben natürlich zahlreiche Verkäufer die Installation live beim Kunden angeschaut, und es gab zahlreiche Rückmeldungen. Es wäre doch super, wenn wir noch dies und jenes integrieren könnten. Wir erhielten zahlreiche Inputs, was noch alles erledigt werden müsste, damit dieses Produkt ein Erfolg würde.

Wir als Projektteam haben uns ganz strikt an die Vorgaben des Briefings gehalten und hatten vor allem den Business Case im Hinterkopf. Es muss sich nach zehn Einsätzen rechnen. Falls wir diese Zahl nicht realisieren können, macht das Projekt finanziell keinen Sinn. Würden wir es trotzdem durchboxen, hätte dies nur höhere Entstehungskosten zur Folge, die würden eins zu eins auf den Produktpreis überwälzt, das Produkt wäre unverkäuflich.

Das Festhalten an der Einfachheit und Klarheit des Projektes war am Schluss das Erfolgsgeheimnis. Die aus dem Test gewonnenen Informationen nutzten wir und verbesserten das System punktuell. Einer schnellen Markteinführung stand nichts mehr im Wege. Das Produkt wurde ein kommerzieller Erfolg. Europaweit konnten zahlreiche Großkunden damit gewonnen werden. Die Einfachheit des Konzeptes hat auch die Verpackungsindustrie wahrgenommen. Das Produkt wurde mit europäischen und globalen Verpackungspreisen ausgezeichnet.

Wie anfangs beschrieben, bin ich der festen Überzeugung, dass ein Innovationsprozess in kleinen Gruppen vorangetrieben werden muss. Ein Team, das kompromisslos das Grundbedürfnis, das Innovationsbriefing und den Business Case im Fokus hat.

Geben Sie
Ihrem Team Halt.

Was macht Teams erfolgreich?

Denken Sie doch bitte mal an Ihre letzten Mitarbeiter-Beurteilungen. Wie wurden diese Gespräche strukturiert? Lassen Sie mich raten. Zuerst wurde auf einer Grafik das persönliche Profil aufgezeichnet. Für verschiedene Eigenschaften wurden Sie bewertet. Vor Ihnen lag bestimmt ein klassisches Stärken-Schwächen-Profil.

Wie es sich gehört, beginnt man zuerst mit dem Positiven – danach konzentriert man sich auf die Punkte mit Verbesserungspotenzial. Und dann wird die ganze Zeit und Energie aufgewendet, für sie einen Maßnahmenplan zu erstellen. Immer mit dem Ziel: Ihre Schwächen zu Stärken zu entwickeln. Eigentlich schade, einen Mitarbeiter auf Basis seiner Defizite zu beurteilen. Kann er so wirklich gefördert, geschweige denn motiviert werden?

Okay, es gibt pro Job ein gewisses Mindestmaß an Anforderungskriterien, die zu erfüllen sind. Besteht eine Kluft zwischen „Ist"- und „Must-have"-Kriterien, ist diese Lücke zu schließen und zu entwickeln, aber es muss in diesem Fall nicht das „Nice-to-have"-Level angesteuert werden. Möchte ich zum Beispiel eine Stelle in den USA annehmen, ist es zwingend, Englisch sprechen zu können. Die Frage ist, auf welchem Level? Bewerbe ich mich als Mechaniker oder als Verkäufer im Außendienst reicht eine solide Umgangssprache. Ich muss nicht das perfekte rhetorische Niveau anpeilen. Oft ist doch schon ein durchschnittliches Level ausreichend.

Dass in unserem Kulturkreis oft nur auf die negativen Punkte fokussiert wird, ist leider absolut typisch.

Auf Stärken aufbauen

Ich bin überzeugt, dass es viel motivierender und erfolgsversprechender ist, wenn man auf den Stärken einer Person aufbaut. Werden diese zusätzlich gefördert, steigen die Leistungsbereitschaft und

Leistungsfähigkeit überproportional. Was man gut kann, macht man gerne. Wird man dabei unterstützt, macht's mehr Spaß, das Resultat wird umso besser.

Vielfalt fördern

Als Führungsperson muss ich meinen Mitarbeiter gut einschätzen können und schnell ein Bild über sein Potenzial bekommen. Kenne ich dieses, kann ich ihn optimal nach seinen Fähigkeiten einsetzen und gewinne den größten Mehrwert für das Team. Je differenzierter das Leistungsspektrum jedes Einzelnen ausgeprägt ist, desto breit abgestützter und agiler ist Ihr Team. Ich setze ganz klar auf Diversität. Nutzen Sie die Möglichkeit, ganz gezielt auf den Stärken des Einzelnen zu bauen. Im Zusammenspiel mit den anderen Teammitgliedern ergeben sich ganz neue Chancen.

Haben alle Kollegen den gleichen „Mind-Set", das gleiche Profil, werden Chancen und Risiken ähnlich eingeschätzt. Was sehr gefährlich sein kann.

Nicht so in einem diversifizierten Team. Hier werden Situationen aus ganz unterschiedlichen Perspektiven analysiert und beurteilt. Vielfalt bringt Weitsicht und Flexibilität. Sie ist ganz bewusst zu fördern. Und ja, je größer das Team, desto einfacher ist es ein breiteres Spektrum abzudecken. Analog einer Anlagestrategie. Mit nur wenigen Aktien ist es schwierig, ein Anlageziel zu verfolgen. Je mehr Titel und Finanzprodukte ich in meinem Portfolio einsetzen kann, desto breiter ist mein Investment abgestützt.

Nebst den Stärken müssen Sie aber auch unbedingt die Defizite eines jeden Mitarbeiters kennen. Diese sind bis zu einem benötigten Minimumlevel auszumerzen, aber nicht weiter! Die Lücken sind durch die entsprechenden Stärken eines Kollegen abzudecken. Fehlen diese Fähigkeiten bis jetzt komplett, ist bei einer Neuanstellung deshalb genau darauf zu achten, dass dieses Know-how in die Organisation einfließen kann. Je breiter mein Team abgestützt ist, desto größer ist die Chance, alle Potenziale im Markt maximal nutzen zu können.

Ein guter Fußballtrainer macht doch exakt das Gleiche. Den kleinen, ballstarken Spieler wird auch der beste Coach nicht zum perfekten Kopfballspieler ausbilden können und wollen. Erstens würde ein kleiner Fußballer im Spiel kaum ein Kopfballduell gewinnen, weil ihm schlicht die Größe und Sprungkraft fehlt und zweitens, weil die auf diesen Spieler maßgeschneiderte Rolle diese Fähigkeiten nicht wirklich braucht. Er muss schnell, wendig, dribbelstark, passgenau und abschlussstark sein. Um aber generell hohe Bälle gewinnen zu können, muss die Mannschaft auf andere große und kopfballstarke Spieler setzen. Der perfekte Trainer kennt exakt die Leistungsprofile seiner Spieler und weiß, diese maximal aufeinander abzustimmen und zu orchestrieren.

Machen Sie als Führungskraft exakt das Gleiche. Bauen Sie auf den Fähigkeiten jedes Einzelnen auf. Eine stärkenorientierte Führung wird einem Urwunsch des Menschen gerecht. Jeder möchte Aufmerksamkeit erhalten und gelobt werden.

Dadurch geben Sie jedem Mitarbeiter ein klares Zeichen: Du kannst was, und ich finde es echt gut! Diese indirekte Botschaft steigert massiv die emotionale Identifikation, ein regelrechter Motivations- und Leistungstreiber.

Fördern Sie Brückenbauer in Ihrem Team. Sie sind die heimlichen Helden, stille Träger. Sie verbinden und führen so zusammen.

Interne Vernetzung aktivieren

Eindeutige Strukturen und Verantwortlichkeiten sind zentral, um innerhalb eines Teams Klarheit zu schaffen.

Wie gelingt es mir nun aber, dass sich mein Team bereichsübergreifend besser austauscht? Oft stelle ich einen enormen Spirit und Elan innerhalb der eigenen Truppe fest. Beginnt man aber über andere Abteilungen zu sprechen, wird das oft direkt mit Problemen in Verbindung gebracht. Die wollen nicht, die machen immer Fehler, die sind unpünktlich. Geht was schief, sind generell die anderen schuld.

Beim wiederholten Nachfragen stellt sich dann heraus, dass eigentlich niemand ganz genau weiß, wie in den anderen Abteilungen die Zuständigkeiten im Detail geregelt sind. Es zeigt sich, dass das vorhandene Halbwissen zu falschen Erwartungen führt und einen dazu verleitet, selbst die einfachsten Fragen an die falsche Ansprechperson zu stellen. Das wiederum löst beim Gegenüber exakt die gleiche Reaktion aus: „Die haben keine Ahnung, wie die Firma funktioniert, alles Anfänger."

Ein erster wichtiger Schritt ist, Verständnis zu schaffen! Über die Abteilungsgrenzen hinaus sind die Verantwortlichkeiten klar zu kommunizieren. Ein einfaches Organigramm oder eine Telefonliste mit einer kurzen Funktionsbeschreibung sorgen bereits für Klarheit. Zusätzlich können zentrale Prozesse kurz aufgezeichnet werden. Es ist hilfreich, wenn jeder Einzelne ein rudimentäres Verständnis über die Aufgabenbereiche der andern Kollegen hat.

Wenn erst mal jedes Team ein klares Profil besitzt, kann am Austausch zwischen den Personen gearbeitet werden. Wie schaffe ich es, dass Vorurteile abgebaut werden, aus einem Nebeneinander ein Miteinander entsteht?

Natürlich haben die Firma und die Führungskräfte eine optimale Ausgangsposition zu schaffen. Das Management muss diesen Spirit „Wir ziehen am gleichen Strick" spürbar vorleben.

Das „wir"-Gefühl stärken

Wie schaffe ich es nun, diese Gedankenhaltung auf die einzelnen Teams zu übertragen? Wie sprenge ich die Grenzen? Soll ich etwa bereichsübergreifende Events organisieren und die Kollegen dazu einladen?

Das Spektrum kann ganz weit aufgezogen werden. Vom einfachen CEO-Frühstück, zu dem die einzelnen Mitarbeiter aus verschiedenen Bereichen zwecks informellem Gedankenaustausch eingeladen werden, über einen funktionsübergreifenden Coffee-Talk bis hin zu spontanen Teamessen ist alles möglich. Allen Initiativen möchte ich positiv attestieren, sie sind ein wichtiger Startschuss, eine interne Vernetzung anzutreiben. Solange die Aktivitäten authentisch, ungezwungen und ehrlich geplant sind, leisten sie einen wertvollen Beitrag, die Organisation zu verbinden.

Werden die Events als Pflichtübung wahrgenommen, sind sie halbherzig organisiert oder der Gesprächsinhalt ist hölzern, sind sie kontraproduktiv.

Im Idealfall werden die Events nur einige Male offiziell organisiert. Ist der Funke übergesprungen, entwickelt sich eine Eigendynamik. Die Kollegen organisieren in Eigenregie den gleichen oder abgewandelten Anlass, die Vernetzung ist schon voll im Gange und wird verinnerlicht.

Je ungezwungener die Atmosphäre, umso schneller fallen die Vorurteile. Je konkreter Situationen angesprochen werden, umso einfacher fällt eine gemeinsame Lösungsfindung.

Besonders in der Anfangsphase ist es zentral, dass mindestens eine Person die Diskussion anmoderiert. Die gemeinsamen Ziele und Werte betont und aufmerksam macht, dass die einzelnen Zahnrädchen noch nicht optimal aufeinander abgestimmt sind: „Wie können wir gemeinsam die Situation verbessern, was können wir in den Abläufen anpassen, um die Zusammenarbeit noch optimaler zu gestalten?"

Ganz wichtig ist dabei, dass zukunftsgerichtet über die Sache gesprochen wird. Sie werden überrascht sein, was sie damit auslösen werden. Wenn jeder die Situation aus seinen Gesichtspunkten schildert, entsteht zum einen ein besseres Verständnis über die Herausforderungen und Bedürfnisse des Visavis, zum andern wird aber auch gleichzeitig die Basis geschaffen, sich in die Rolle des Gegenübers hineinzufühlen. Nun wird es spannend. Denn erst jetzt kann die Diskussion richtig losgehen. Erst jetzt macht es Sinn, darüber nachzudenken, wie ich durch ein leicht verändertes Verhalten im anderen Team einen positiven Effekt auslösen kann.

Das Schaffen eines gemeinsamen Nenners steigert das Verständnis und den Respekt des Gegenübers. Auf dem offenen und konstruktiven Austausch können sich konkrete Projekte entwickeln. Dabei trägt jede einzelne Initiative dazu bei, die Organisation noch stärker zu vernetzen und zusammenzuschweißen.

Vitamine für Ihr Team.

Begegnungszonen verbinden

Oft braucht es nicht viel. Eine Kaffee-Ecke mit Hochtisch und Stühlen reicht häufig schon aus. Ganz wichtig, und das wird oft unterschätzt, ein guter Kaffee ist ein absoluter Motivationsfaktor! Ignorieren Sie die Kosten pro Tasse und sehen Sie es als eine Investition in die Vernetzung Ihrer Organisation. Guter Kaffee zu einem attraktiven Preis ist ein regelrechter Anziehungspunkt. Zusätzlich könnten Sie Ihren Mitarbeitern einen Früchtekorb bereitstellen, einen gesunden Vitamin- und Energiespender für Zwischendurch. Eine lebhafte Begegnungszone verbindet bereichsübergreifend, die ideale Plattform für informelle Gespräche. Mit der Lancierung dieses Bereichs unbedingt die Chance nutzen, alle individuellen Teekocher, Kapselmaschinen und Kühlschränke aus den einzelnen Büros zu verbannen. Denn die sind kontraproduktiv für eine vernetzte Firmenkultur.

Wie wichtig Begegnungszonen sind, möchte ich anhand von folgendem Beispiel aufzeigen. Im Verwaltungsgebäude waren alle Teams in Büros zu 4–6 Personen eingeteilt. Die Gänge waren schmal und lang. Nebst einer kleinen Einbauküche gab's für die zahlreichen Personen keine eigentlichen Treffpunkte. Als Verlegenheitslösung wurde ein einfacher Getränkeautomat vor der Damentoilette platziert, die Getränkequalität war bescheiden und die Produkte erst noch teuer. Sie können es sich vorstellen, vor dem Toiletteneingang fanden kaum lange Gespräche statt. Als Reaktion hatte jedes einzelne Büro seine eigene Kapselmaschine angeschafft. Ein absoluter Irrsinn. Denn in jedem Büro kümmerte sich eine Person um diese Geräte. Wasser auffüllen, Kapseln leeren, Maschine reinigen, Kapseln nachbestellen. Unvorstellbar, wie viel Zeit der Firma dadurch verloren ging. Wie sieht das bei Ihnen aus?

Nun habe ich das Thema nur aus der Kostenseite beleuchtet. Über das Sicherheits- und Hygienerisiko sollten Sie sich auch bewusst sein. In Ihrem Umfeld stehen Dutzende Maschinen, die technisch nicht nach ihren Firmenstandards geprüft oder gewartet werden. Und aus hygienischer Sicht ist der Zustand der ein oder anderen Maschine prekär.

Deshalb der Appell an Sie, nutzen Sie die Chance und investieren Sie in eine einladende Begegnungszone mit einem attraktiven Getränkekonzept. Sie motivieren dabei Ihre Mitarbeiter, schaffen dabei die Grundlage für teamübergreifende Vernetzung. Sie sparen richtig viel Zeit Ihrer Mitarbeiter, weil diese sich auf ihre Kernaufgabe konzentrieren können, und Sie eliminieren zahlreiche technische und hygienische Risiken im Arbeitsumfeld.

Fünf Sinne.

Nutzen Sie Ihre Sinne!

Wie nehme ich mich selber wahr? Wie kann ich mein Wohlbefinden steigern und dabei meine Freude an meinem Sein und Tun wachsen lassen? Wie wirkt mein Umfeld auf mich? Welche Botschaften sendet mir mein Gegenüber mit seiner Haltung, seinen Gesten und seinen Worten? Und ganz wichtig: Wie werde ich wahrgenommen? Kommt meine Botschaft an? Was löse ich für Eindrücke aus?

Schließen Sie für einen kurzen Moment Ihre Augen. Stellen Sie sich Folgendes vor. Sie stehen an einem Frühlingsmorgen ganz alleine auf einer Waldlichtung. Im Hintergrund hören Sie das quirlige Plätschern des Bergbaches, dazwischen das regelmäßige Klopfgeräusch eines Spechtes, der versucht ein Loch in den Baum zu schlagen. Sie riechen den Duft von frischem Moos. Auf Ihren Wangen fühlen sie das Kitzeln der Sonnenstrahlen. Sie drehen sich einmal um Ihre Achse und spüren dabei, wie der feuchte Waldboden unter Ihren Füßen leicht nachgibt. Sie atmen tief ein und haben das Gefühl, die ganze natürliche Energie in Ihren Bauch zu ziehen. Ein Glücksmoment, den Sie innerlich speichern möchten.

Zuhören!

Über unsere Ohren nehmen wir das Rascheln der Blätter, das Pfeifen des Windes und die Sprache der Menschheit auf. Dieses Organ leitet Wellenbewegungen in unser Menschsein. Sanfte Töne bringen Harmonie. Hormone der Freude beginnen zu tanzen, die Fröhlichkeit erwacht.

Wer mit offenen Ohren durchs Leben geht, hört sein eigenes Echo und nimmt direkt die Reaktionen seines Umfeldes wahr. Mit verschlossenen Ohren kann eine Kommunikation im eigentlichen Sinne kaum stattfinden. Externe Reaktionen können nur schwer gedeutet werden.

Hören Sie ganz bewusst auf Ihre innere Stimme. So sind Sie sich am nächsten. Schenken Sie Ihrem Umfeld Gehör. Deuten Sie jede einzelne Reaktion. Es hilft Ihnen, sich zu entwickeln und daran zu wachsen.

Augen auf!

Genieß den Augenblick, denn der Augenblick ist dein Leben. Mit unseren Augen erkennen wir Farben, Formen, Personen, erfassen wir die Mimik unseres Gegenübers. Erfreue ich mich beim Anblick eines kleinen, zarten, farbigen Blümchens oder tanke ich Kraft, wenn ich am Strand meinen Blick über die unendlichen Weiten des Meeres bis hin zum Horizont schweifen lasse? Unterschiedlicher könnten die Situationen nicht sein, aber beide haben ein zentrales Element gemeinsam. Ich nehme mir die Zeit, mein Umfeld im Großen und im Kleinen mit offenen Augen ganz bewusst wahrzunehmen. Das schafft ganz persönliche Glücksmomente.

Das ist dufte!

Mit Düften rufen wir die unterschiedlichsten Augenblicke unseres Lebens wieder wach. Hinter jedem Duft steht eine Emotion. So bringt Minzduft Frische in den Raum, Rosenduft erweckt Träume. Der Kokosduft macht glücklich und bringt den Humor zurück. Der Duft von Vanille löst ein wohliges Gefühl der Gemütlichkeit aus.

Spüren Sie es?

Neben Hören, Sehen, Riechen und Schmecken ist der Tastsinn der fünfte Sinn des Menschen. Schon das ungeborene Kind nimmt über die Haut sein Umfeld wahr. Zum einen hilft der Tastsinn dem Ungeborenen seine eigenen Körpergrenzen zu erfahren, zum andern fördert und festigt das Tasten und Berühren die Beziehung zu seinem Umfeld.

Tasten schafft Nähe und Bindung.

Bin ich mir dessen bewusst?

Wie schon anfangs erwähnt, arbeitete ich direkt nach dem Studium für einen Nahrungsmittelkonzern im Außendienst. Am ersten Arbeitstag erhielt ich meinen Firmenwagen, gefüllt mit Produkten, eine erste Verkaufsschulung und eine Adressliste von Bestandskunden. Bereits am zweiten Arbeitstag hatte ich die ersten Kundenbesuche auf dem Programm. Ich stand also in meinem eleganten Anzug mit Krawatte vor dem Eingang meines ersten Kunden, einer Bäckerei. Ich konnte mich nicht mal ganz bei der Mitarbeiterin an der Bedientheke vorstellen, schon rief sie laut in die Backstube: „Chef, ein Typ von der Versicherung ist für dich da." Wow, damit hatte ich nicht gerechnet und war etwas perplex. Das Kundengespräch war dann ziemlich distanziert. Obwohl ich den vorgegebenen Verkaufsprozess akribisch durchgegangen bin und alle Neuheiten präsentiert habe, zeigte der Bäcker null Interesse. Danach saß ich in meinem Wagen und reflektierte mein erstes Kundengespräch. Im ersten Moment empfand ich es als reine Zeitverschwendung. Aber aus der Distanz betrachtet, war es die wertvollste Verkaufserfahrung, die ich je gemacht habe.

Wieso nimmt er mich als Versicherungsvertreter wahr? Liegt es etwa an der formalen Kleidung? Kleider machen Leute! Ich muss mir im Klaren sein, was ich ausstrahlen will und wie ich wahrgenommen werden möchte.

An den Neuheiten war er überhaupt nicht interessiert. Warum nicht? Kenne ich denn überhaupt seine Bedürfnisse? Habe ich ihm zugehört? Habe ich seinen Laden visuell erfasst und mir versucht ein Bild über sein Business zu machen? Wer sind seine Kunden? Was bietet er aktuell für Produkte an? Auf Augenhöhe mit meinem Visavis zu sprechen verlangt Vorbereitung und Know-how.

Jedes Detail zählt

Sie stehen kurz vor dem ersten Treffen mit einem potenziellen Neukunden oder haben das erste Jobinterview vor sich. Nebst den Informationen aus der Firmen-Webseite, den sozialen Medien, einzelnen Foren-Beiträgen und vielleicht persönlichen Eindrücken aus Ihrem Netzwerk stehen Ihnen oft nicht mehr Informationen zur Verfügung. Aber bereits diese Informationen sind sehr hilfreich, denn jeder hinterlässt bei allem, was er macht, seine Handschrift. So auch Ihr zukünftiger Gesprächspartner.

Beginnen Sie, wie ein Fährtenleser, jedes Detail zu erkennen und zu interpretieren. Nutzen Sie dazu all Ihre Sinne. So erhalten Sie einen möglichst breiten Gesamteindruck. Jeder einzelne Aspekt gibt Ihnen einen Hinweis, was für Ihr Visavis wichtig zu scheinen mag. Für Sie absolut relevante Informationen, um sich optimal in Szene setzen zu können.

Es beginnt bereits bei der Einladung zum Meetingtermin. Erhalten Sie zum Beispiel eine detaillierte Agenda mit klaren Zielsetzungen und Angaben zu allen Beteiligten? Dann wird Struktur großgeschrieben. Stellen Sie sicher, dass Sie Ihre Botschaft in klaren Worten, analytisch auf den Punkt bringen.

Wie präsentiert sich Ihr Gesprächspartner im Internet? Businesscasual oder eher elegant? Nutzen Sie diese Information. Orientieren Sie sich für das Erstgespräch an diesen optischen Anhaltspunkten. Aber denken Sie daran, im Zweifelsfall lieber etwas overdressed auftreten, dies kann immer als Zeichen von Respekt und Anerkennung gedeutet werden.

Wie nehmen Sie die Verkaufs- und Büroräumlichkeiten wahr? Fühlen Sie sich als Gast oder Kunde willkommen? Wie werden Sie empfangen? Mit einem freundlichen Lächeln? Vielleicht werden Sie auf einem Bildschirm persönlich willkommen geheißen. Oder steht auf der Theke nur ein Telefon und Sie haben ihre Kontaktperson selber anzurufen? Muntert mich der Anblick und der Duft von frischen Blumen auf, oder höre ich vielleicht eine angenehm dezente Hintergrundmusik?

Ist Ihr Gesprächspartner ein Ästhet, passt alles in sich zusammen. Werden überall Zeitzeugen alter Tage ausgestellt, steht Ihnen eine traditionsbewusste Person gegenüber. Ein dezentes Wasserspiel oder sanfte Töne deuten auf ein Harmoniebedürfnis hin. Finden sich überall Zertifikate und Auszeichnungen, wird Qualität großgeschrieben. Achten Sie auf die Zeitungen und Magazine, die aufgelegt sind, das sind immer klare Positionierungsstatements.

Egal wie Sie empfangen werden, Ihre Gestik und Mimik muss in jeder Situation Offenheit ausstrahlen.

Gehen Sie auf Ihren Gesprächspartner mit offenen Armen zu. Zeigen Sie Ihre Freude mit einem Lächeln im Gesicht. Ihr Händedruck soll Dynamik ausstrahlen, nicht zu kräftig, nicht zu lang, aber mit Überzeugung. Sprechen Sie deutlich und flüssig. Platzieren Sie bewusst kurze Sprechpausen. Aber noch viel wichtiger:

Hören Sie zu! Sammeln Sie Informationen, verbal und visuell. Nutzen Sie all Ihre Sinne, um aus dem Gespräch ein Gesamtbild gewinnen zu können. Einen gewissen Teil der Eindrücke können Sie direkt vor Ort bereits in Ihre Argumentation einfließen lassen, die restlichen Informationen sind in den Folgegesprächen zu integrieren. Ihr Visavis berieselt Sie größtenteils unbewusst mit Botschaften. Nutzen Sie diese Fülle an Eindrücken, um Ihre Argumente exakt auf seine Bedürfnisse zuzuschneiden.

Zeigen Sie Interesse an einer kooperativen Zusammenarbeit. Achten Sie auf direkten Blickkontakt, und wenden Sie Ihren Körper Ihrem Gesprächspartner zu. Offene Handflächen wirken einladend.

Diskutieren Sie auf Augenhöhe. Wenn Ihr Gegenüber aufsteht, machen Sie das Gleiche. Wenn er sich setzt, werden auch Sie sich setzen.

Beim Sitzen signalisieren Sie mit einer nach vorne gebeugten Körperhaltung Ihr Interesse. Und nicht zu vergessen, mit einem bejahenden Nicken bringen Sie Einigkeit zum Ausdruck, und ein Lächeln ist immer ein Zeichen guter Absichten.

Ihre Glaubwürdigkeit ist am höchsten, wenn Sie als authentisch wahrgenommen werden. Bleiben Sie sich treu.

Was nimmt Ihr Kunde wahr?

Versetzen wir uns doch in die Rolle Ihres Kunden. Wie nimmt er Sie als direkte Ansprechperson, Ihr Team, Ihre Produkte oder Ihre Firma als Ganzes wahr?

Wie ist zum Beispiel das Verkaufsteam gekleidet? Wie ist die Haptik Ihrer Visitenkarten? Ein vornehmer Prägedruck auf edlem Papier oder einfach ein normaler Druck auf Standardpapier? Wie präsentiert Ihr Verkaufsteam Ihre Produkte? Frisch und dynamisch mit digitalen Verkaufstools oder mit herkömmlichen Broschüren in Ledermappen? Versuchen Sie Ihre Verkaufsräumlichkeiten zu beschreiben. Wie wirkt die Produktpräsentation, welche Lichtverhältnisse trifft ein Kunde an? Hell und grell oder sanft zum Verweilen einladend? Fühlt er sich generell willkommen und ernst genommen?

Überzeugt der Gesamteindruck?

Sie als Manager sind in einer Transformationsphase gefordert, Ihr Team und Ihr Angebot auf dem Markt neu zu positionieren, Prozesse und Verantwortlichkeiten neu zu definieren.

Hinterfragen Sie jeden einzelnen Kontaktpunkt Ihrer Kunden mit Ihnen. Durchlaufen Sie die ganze Customer-Journey Ihrer wichtigsten Zielgruppen. Definieren Sie zuerst für sich selber, was Sie bei Ihrem Kunden auslösen wollen. Was ist Ihnen wichtig, welche Botschaften und Emotionen möchten Sie direkt oder indirekt kommunizieren? Wie soll sich der Kunde im Showroom und in den Verkaufsräumlichkeiten fühlen? Wie möchte ich im Schadensfall den Kunden betreuen? Wie soll er mich in den Medien wahrnehmen?

Nachdem Sie für jeden einzelnen Kontaktpunkt die Sollwerte definiert haben, beginnen Sie mit der Analyse des Istzustandes. Der Kunde wird am Telefon 3-mal weitergeleitet, bis er bei der Zielperson landet. Will ich das? Die Beschriftung der Kundenparkplätze ist schlecht leserlich und mit Moos überwachsen. Widerspiegelt das meine Kundenwertschätzung? Auf den Vorführgeräten im

Showroom sind Fingerabdrücke zu sehen. Entspricht das Ihrem Anspruch als Premiumanbieter? Beim Auspacken Ihrer Produkte bleibt ein großer Abfallberg übrig. Geht das einher mit Ihrer Positionierung als umweltfreundliche Firma? Sie sprechen von praktischer Handhabung Ihrer Produkte, aber die Verpackungen lassen sich nur schwer öffnen. Passt das?

Orchestrieren Sie danach alle Berührungspunkte mit Ihrem Kunden exakt in die anvisierte Richtung, bis der erwünschte Gesamteindruck entsteht. Es sind zahlreiche kleine und große Facetten, die optimal aufeinander abzustimmen sind.

Es gibt nicht DIE Antwort, wie der perfekte Gesamteindruck aussehen muss. Wichtig ist aber, dass Sie sich bewusst sind, dass Sie, Ihr Team und Ihre Unternehmung immer kommunizieren. Und Ihr Kunde nimmt Sie immer mit all seinen fünf Sinnen wahr. Das Zusammenspiel aller fünf Sinne ergibt den Gesamteindruck.

Farben lügen nie.

Die Kraft der Farbe

Die psychologische Wirkung von Farben wird im Marketing ganz bewusst eingesetzt. Haben Sie sich schon einmal überlegt, wieso ein Großteil der IT-Firmen wie Intel, Dell, SAP, SUN oder IBM auf ein blaues Logo setzen? **Blau** signalisiert Seriosität, Weisheit, Sicherheit und Stabilität. Werte, auf die auch der schwedische Autobauer Volvo gerne in seiner Werbung verweist. Natürlich nutzen auch die Konsumgüterhersteller Unilever, P&G oder Beiersdorf mit der Marke Nivea ganz konsequent die blaue Farbe im Logo. Die Konsumenten bauen schnell und einfach Vertrauen zu diesen Marken auf.

Bei einem Bewerbungsgespräch empfiehlt es sich, Blau zu tragen. Es strahlt Loyalität und Kontrolle aus. Mit Blau liegen Sie im Büroumfeld immer richtig.

Was haben die Supermarktketten Tesco, Rewe, Penny, Casino, Delhaize, Auchan, Spar, ICA, Coop und Migros gemeinsam? Es sind alles führende Supermarktketten aus ganz Europa, und alle haben Rot oder Orange in ihrem Logo, beides klassische Signalfarben. **Orange** steht für Optimismus und Lebensfreude und Mut. Firmen nutzen Orange gerne, um einen Nutzen zu kommunizieren. Oft wird Orange für die Kommunikation von günstigen Preisen eingesetzt. Alleine das Anbringen von orangen Preisetiketten suggeriert schon beim Kunden „Achtung – zupacken – günstiger Preis". Auch wenn der effektive Preis nicht zwingend günstiger ist, reicht schon nur das Anbringen von orangen Preis- oder Informationsschildern, diesen „Günstig"-Eindruck zu erwecken und das Kaufsignal auszulösen. Aber Achtung, wollen Sie Qualitätsprodukte verkaufen, sollten Sie nie Orange in der Kommunikation einsetzen, sonst wird die Ware automatisch als billig wahrgenommen.

Grün symbolisiert Natürlichkeit, Gesundheit, Frische und Gelassenheit. Es wird generell als angenehm und beruhigend empfunden. So überrascht es nicht, dass gerade Firmen wie Starbucks ganz bewusst auf ein grünes Logo setzen: ein Platz, um gemütlich zu verweilen, ein Ort, wo natürlich hergestellte Produkte angeboten werden. Grün ist eine sehr emotionale Farbe, sie strahlt Bodenständigkeit aus, wird mit praktisch, sympathisch, mitfühlend, großzügig und freundlich in Verbindung gebracht.

Tragen Sie im Büro Grün, versprühen Sie Frische, Natürlichkeit und Hoffnung.

Die Farbe **Violett** inspiriert und verzaubert zugleich. Wer seine Produkte in ein kreatives Licht stellen möchte, liegt mit Violett richtig.

Wenn Sie Ihre Marke mit Eleganz, Raffinesse und einer gewissen Autorität aufladen möchten, nutzen Sie bewusst **Schwarz**. Die Farbe des Luxus. Die Businessfarbe schlechthin. Wer in der Kommunikation auf Schwarz-Weiß-Fotografien setzt, macht sich exakt diesen Effekt zunutze.

Schwarz gekleidet strahlen Sie Macht und Seriosität aus. Es macht Sie elegant und glaubhaft, gleichzeitig wirkt es etwas formell, macht Sie etwas unnahbar und geheimnisvoll.

Wer für Offenheit, Reinheit und Transparenz steht, nutzt **Weiß**. Weiß wirkt immer rein, ruhig und ehrlich.

Die Grundregeln der Farbpsychologie sind gut dokumentiert. Nutzen Sie die Kraft der Farbe, um bei Ihrem Zielpublikum genau Ihre Botschaft mit dem richtigen Farbton zu platzieren. Wofür stehen Sie und Ihre Firma? Was verkörpert Ihre Dienstleistung, Ihr Produkt oder Ihr Projekt?

Wenn Sie Ihr eigenes Unternehmen führen, stellen Sie sicher, dass Sie pro Kommunikationsmittel die passende Farbe einsetzen, von der Visitenkarte, dem Internetauftritt, Ihren Broschüren und Verkaufsunterlagen, den Produktverpackungen bis hin zur Ladengestaltung.

Kommunikationsagenturen haben oft das Gefühl, dass ein gewählter Firmenfarbton sich durch das gesamte Erscheinungsbild der Unternehmung konsequent durchziehen muss. Diese Logik macht für mich nur bedingt Sinn. Hinterfragen Sie bei jedem Kommunikationsmedium – und mittel, welche Botschaft Sie visuell beim Kunden platzieren möchten.

Auch als Manager können Sie sich die Kraft der Farben zunutze machen. Angenommen Sie müssen Ihr Projekt vor der Geschäftsleitung präsentieren. Wählen Sie in Ihrer Präsentation genau die passende Couleur. Lösen Sie sich von den üblichen Vorlagen. Nutzen

Sie Farben, die die Botschaft Ihres Projektes unterstützen. Ihre Zuhörer reagieren auf die visuelle Darstellung analog Ihrer Kunden. Wollen Sie Vertrauen und Zuverlässigkeit erzeugen, bauen Sie auf Blau, wollen Sie die Kreativität unterstreichen, nutzen Sie Violett, wollen Sie den Effekt „Jetzt zugreifen, eine einmalige Chance", nutzen Sie Orange. Und mit Grün wird Ihre Botschaft mit bodenständigen und natürlichen Emotionen verstärkt.

Versprechen halten

Als Führungsperson ist es mir extrem wichtig, möglichst oft „draußen“ vor Ort zu sein. Diese „Felderfahrung“ ist unbezahlbar. Nur beim Kunden erfährt man aus erster Hand, ungeschönt und gerade ins Gesicht, was alles schiefläuft, oder man hört all die nicht erfüllten Erwartungen.

Wir waren mit einer extremen Kundenunzufriedenheit konfrontiert. Die Reklamationen häuften sich. Es wurden immer mehr! Ich wollte das Hauptproblem identifizieren und musste feststellen, keine Reklamation war gleich wie die andere. Es ließen sich keine eigentlichen Problemmuster finden. Ich entschied, mich komplett auf die Reklamationen eines einzigen Tages zu fokussieren. Jeder einzelne Vorfall wurde analysiert. Dabei stellte ich fest, dass wir bereits bei der Entgegennahme der Beanstandungen ein großes Manko hatten. Die Feedbacks wurden per E-Mail erfasst und intern an die vermeintlich verantwortliche Person weitergeleitet. Es fand kein Tracking statt, niemand hatte den Überblick.

Ich wollte mir vor Ort ein Bild machen. Die Situation war noch viel dramatischer als angenommen. Jeder Kunde nutzte die Chance, um bei mir sein Leid zu klagen. Viele von ihnen hatten mehrmals ihre Reklamationen bei uns platziert. Außer einem Entschuldigungs-E-Mail folgte nie eine Reaktion. Sie erhielten weder ein Update der eingeleiteten Maßnahmen noch eine Information, als das Problem gelöst war. Auch der um Unterstützung gebetene Gebietsverkaufsleiter konnte an der Situation nichts ändern. Aus Frust haben die Kunden begonnen, die Faust im Sack zu machen, und hörten auf, sich zu beschweren. Sie haben resigniert. Das Schlimmste, was einer Firma passieren kann. Auch die Gebietsverkaufsleiter sahen keine Verbesserung der Situation und kapitulierten. Als Konsequenz sprang ein frustrierter Kunde nach dem anderen ab.

Erst im direkten Gespräch vor Ort wurde ich mir der Situation so richtig bewusst. Ich stand mit meinem Team auf einem sinkenden Dampfer. Das Positive an allem war allerdings die Offenheit der Kunden. Mir wurden die Probleme in allen Facetten exakt aufgezeigt. Als Reaktion haben wir jeden Fall dokumentiert, analysiert und abgearbeitet. In der Tat, das war eine Sisyphusarbeit. Dafür mit einem langfristigen, positiven Effekt. Wer systematisch jeder einzelnen Reklamation nachgeht und das Problem umgehend behebt, lernt zum einen im Nu die Organisation kennen und versteht auf eine ganz pragmatische Art, wo der Schuh beim Kunden drückt.

Das Beheben des Fehlers ist sicher der wichtigste Punkt, dies dann aber umgehend dem Kunden zu melden ist umso wichtiger. Oft habe ich jedoch erlebt, dass es genau an diesem Punkt scheitert. Der Kunde wird nicht über den Fortschritt informiert.

Unsere Kunden beklagten sich über die unpünktlichen Lieferungen. Die Probleme wurden erkannt und die nötigen Maßnahmen eingeleitet. Unsere Statistiken zeigten eine tolle Entwicklung. Die Werte wurden von Woche zu Woche besser. Alle freuten sich über die offensichtlichen Verbesserungen. Alle, außer unseren Großkunden. Sowohl die Verantwortlichen in der Zentrale als auch die lokalen Ansprechpersonen waren der festen Überzeugung, dass die aktuelle Lieferperformance einfach schlecht sei. Aber die Zahlen zeichneten ein ganz anderes Bild. In Einzelgesprächen fand ich dann heraus, dass nie kommuniziert wurde, welche Maßnahmen eingeleitet wurden. Auch die neuen statistischen Auswertungen wurden nie zugestellt. Bei den Kunden hat sich über Monate dieses negative Gefühl der permanenten Unpünktlichkeit eingebrannt. Diese pessimistische Wahrnehmung war so stark, dass man die neue verbesserte Realität ignoriert oder innerlich verleugnet hatte. Erst als ich die schon längst implementierten Maßnahmen kommuniziert hatte sowie die statistischen Werte versendet und diskutiert habe, begann sich das Blatt zu wenden. Erst mit Vorliegen der Maßnahmen und der Fakten wurde die bereits verbesserte Realität wahrgenommen.

Bei einer Reklamation ist das Versprechen „Wir machen das" schnell ausgesprochen. Jeder weiß ja ganz genau, das möchte der Kunde in erster Linie hören. Sich dabei für die Unannehmlichkeiten zu entschuldigen, braucht zwar für den ein oder anderen etwas Überwindung, aber im Grunde genommen ist es der einfachste Part. Das Versprechen konsequent umzusetzen und einzuhalten ist der schwierige Teil, besonders wenn in einer Organisation mehrere Personen oder Teams von verschiedenen Abteilungen daran beteiligt sind. Bitte seien Sie sich Folgendem bewusst: Der Kunde betrachtet das Versprechen erst als eingelöst, wenn der Maßnahmenplan und das Resultat klar kommuniziert wurden.

Verstand versus Gefühl

Wer mit Verstand argumentiert, überzeugt mit Fakten und Zahlen, bleibt ruhig und kontrolliert. Er wirkt vielleicht etwas kühl und distanziert. Ergeben seine Erläuterungen ein stimmiges Gesamtbild, wird seine Darstellung der Situation als objektiv und ehrlich wahrgenommen.

Wer mit viel Emotionen diskutiert und versucht das Gegenüber zu überzeugen, vielleicht wild mit den Händen gestikulierend, mit der Stimme von leise bis laut, das ganze Spektrum bewusst einsetzt, der polarisiert. Bei Gleichgesinnten findet er schnell Anschluss und löst Begeisterung aus. Sie reiten auf der gleichen Welle. Die Emotionen können beim Gegenüber aber exakt das Gegenteil auslösen. Geraten zwei emotionale Menschen aneinander, die unterschiedlicher Meinung sind, entsteht schnell Streit, Wut und Zorn.

Was setzt sich im Geschäftsumfeld durch? Verstand oder Gefühl?

In Konfliktsituationen setzt sich die neutrale, rationale Argumentation immer durch. Wer es schafft, ohne wertende Worte eine Situation zusammenzufassen und neutral einen in die Zukunft gerichteten Lösungsvorschlag zu präsentieren, hat oft alle Parteien hinter sich.

In Diskussionen sind faktenbasierte Inputs immer stärker als persönliche Einschätzungen.

Wer bei Entscheidungen seine Wahl für eine gewisse Lösung oder eine Variante rational begründet, muss sich im Nachhinein selten rechtfertigen. Sollte sich trotzdem herausstellen, dass der Entschluss falsch war, kann man sich immer auf die ursprünglichen Annahmen berufen. Emotionale Bewertungen einer Situation, welche sich im Nachhinein als Fehleinschätzungen entpuppen, werden von jedermann angegriffen und bloßgestellt. Emotionale Argumente zählen nicht und können nicht „verteidigt" werden.

Bleibe ich in Verhandlungen sachlich und neutral, kann mich mein Gegenüber nicht einschätzen. Er hat es schwierig, allfällige Verkaufs- oder Kaufsignale zu deuten. Dazu eine kleine Anekdote: Wir waren für unsere 5-köpfige Familie auf der Suche nach einem neuen Zuhause. Wir hatten den Besichtigungstermin unseres heutigen Hauses. Die Tür öffnete sich, vor uns eine Treppe in den Wohnbereich, hell, großzügig, mit freiem Blick auf den Garten. Meine Frau strahlte vor Freude. In ihren Augen blinkte es wild: „Ja, hier gefällt es mir, hier möchte ich wohnen." Die Verkäuferin, eine gewiefte Geschäftsfrau, wusste diese Zeichen klar zu deuten. Ich als passionierter Verhandler biss mehrfach auf Granit. Ich hatte keine Chance, den Preis nur minim zu drücken. Denn sie wusste, der Ehemann wird das Eheglück wegen einer Preisreduktion nicht aufs Spiel setzen. Schon gar nicht würde er, um sein Gesicht zu wahren, vom Kauf absehen.

In einer Verhandlung sind Emotionen ein Tabu. Einzige Ausnahme, Sie kaufen ein Liebhaberstück von einem Besitzer, der sich davon nur schwer trennen möchte. Ihm ist es wichtig, dass sein Lieblingsstück an einen Besitzer geht, der mit gleicher Freude und Hingabe das Stück hegt und pflegt. In diesem Fall macht ein emotionales Verhalten während der Verhandlung Sinn.

Wo sind Emotionen erlaubt?

Im Umgang mit Ihren Mitarbeitern ist es zentral, dass Sie als Führungskraft greifbar und als Mensch wahrgenommen werden. Achten Sie aber auf eine professionelle Sachlichkeit. Meine Erfahrung zeigt mir, dass es oft keinen Platz für ein zu enges freundschaftliches Verhältnis gibt. Es braucht eine gewisse Distanz zwischen Privatem und Arbeit. Natürlich spreche ich über meine Freizeit, meine Hobbies und meine Familie. Trotzdem möchte ich meine Privatsphäre bewahren und gebe nicht zu viele Details von mir preis.

Auch Humor sollte im Umgang mit Ihrem Team nicht fehlen, aber auch hier ist es eine Frage des Maßes.

Wie bereits erwähnt, Emotionen können auch negative Reaktionen wie Neid, Zorn und Hass auslösen. Je weniger ich privat von mir preisgebe, umso weniger laufe ich Gefahr, solche negativen Echos auszulösen.

Emotionen können im Verkaufsgespräch je nach Produkt, Dienstleistung und Kundengruppe erfolgreich eingesetzt werden.

Eine Floristin, die mit Herzblut ihre Blumenkreationen verkauft, ist mit einer begeisternden Art sicher ansteckend und hilft die Verkäufe anzukurbeln.

Ein Versicherungsverkäufer nutzt bewusst die Stimmungslage seiner Klientel, um Sicherheitsgefühle zu wecken oder Ängste zu schüren. Beim Kunden sollte er aber einen rationalen Gesamteindruck hinterlassen, nur so nimmt man ihn als kompetent und seriös wahr. Andernfalls stempelt man ihn als unqualifizierten Schwätzer ab. Was ja nicht dem Wunsch nach Sicherheit, Vertrauen und Zuverlässigkeit entsprechen würde.

Ein Verkäufer von technischen Lösungen oder von IT-Infrastruktur hat nur mit Fakten zu überzeugen.

Emotionen im Management

Charismatische, emotionale Führungspersonen sind aus meiner Erfahrung eher die Minderheit. In börsenkotierten Unternehmungen sind sie sehr selten zu finden. Ausnahmen können klassische Patrons sein, die selber die Firma gegründet haben oder sie in zweiter oder dritter Generation führen dürfen. Sie können nach ihrem Gusto einen irrationalen Führungsstil pflegen, ohne negative Konsequenzen fürchten zu müssen.

Aber im großen Rest der Unternehmen setzt sich hauptsächlich der faktenbasierte, analytische Manager durch. Egal ob weiblich oder männlich, wer mit rationalem Verstand führt, hat die größte Chance, ganz oben in der Organisation anzukommen und seine Position zu festigen.

Aber was ist mit dem Bauchgefühl? Wann höre ich auf die innere Stimme? Es ist mein innerer Kompass, ein wichtiger Wegweiser für Entscheidungen. Über mein Bauchgefühl spreche ich nicht, es geht niemanden was an, wann und wo ich mich von diesem nicht erklärbaren Gefühl leiten lasse. Ich nutze es ganz bewusst bei Personalentscheiden. Die Job-Description bildet für mich die Leitplanken, die Fakten aus dem Lebenslauf zeigen mir, inwiefern ein Kandidat auf der vorgegebenen Straße fahren kann. Beim Entscheid, ob die Person in mein Team passt, ich ihr die Herausforderung zutraue, ich ihr vertrauen kann, helfen mir meine Intuition und meine Fähigkeit, Personen einschätzen zu können.

Bei der Beurteilung von Designs, Strategien, Konzepten oder auch Investments bilden Fakten die Basis für meine Entscheidung. Ob ich mich dann gegen oder für eine Variante entschließe, ist stark von meiner emotionalen Einschätzung der Situation abhängig.

Wenn ich vor meinen Kollegen begründen muss, wieso ich mich für oder gegen einen Kandidaten, eine Strategie oder ein Design ausspreche, argumentiere ich allerdings nur mit Fakten, die sind rational nachvollziehbar. Was mir mein Instinkt sagt, geht nur mich persönlich was an. Emotionen sind immer angreifbar. Ich möchte niemandem die Chance und das Recht geben, meine Gefühle zu attackieren, deshalb nutze ich sie nur für mich als geheimen inneren Ratgeber. Argumentiere ich faktenbasiert, wird mein Entscheid weniger hinterfragt.

Machen Sie sich auf Gegenwind gefasst. Aus einem lauen Lüftchen wird schnell ein wilder Sturm.

Bereit sein für die Extremsituation: den Turnaround

Die meisten Krisen kündigen sich früh an. Es ist zentral, alle möglichen qualitativen und quantitativen Warnfaktoren ernst zu nehmen. In stabilen Märkten ist die Misere oft selbst verschuldet. Die Ursache liegt häufig in fehlendem Kundenfokus, mangelnder Differenzierung und verpasster Konsumtrends.

Das Elend schleicht sich oft über die Zeit ein und ist auf den ersten Blick nur schwer zu erkennen. Erst im Jahresvergleich wird sichtbar, wie man kontinuierlich immer etwas an Marge einbüßt, wie der Umsatz leicht zurückgeht, die Kosten aber stabil oder sogar steigend sind. Um in etwa das gleiche Ergebnis erzielen zu können, muss die ganze Organisation immer schneller springen, die Maschinen müssen besser ausgelastet werden, man hält länger an bestehender Infrastruktur fest, Investitionen werden herausgeschoben. Ohne klaren USP (Unique Selling Proposition) und ohne kontinuierliche Innovationen kommt langläufig jede Firma in diese Situation. In der aktuellen Managementlehre wird von 3 Arten von Krisen gesprochen:

Strategiekrise

Die Eigentümer, die Aufsichtsgremien und das Management haben es verpasst, das Unternehmen erfolgreich im Absatz- und Beschaffungsmarkt zu positionieren. Fehlende Produkt- und Prozessinnovationen haben langfristig fatale Folgen. Verharrt die Firma einige Jahre in dieser Position, folgt der automatische Übergang in die nächste Stufe.

Ertragskrise

Die Ertragskrise zeichnet sich durch sinkende Erträge und schrumpfende Marktanteile aus. Es resultieren eine unvorteilhafte Kostenstruktur, kleinere Margen und ein reduzierter Cashflow. Als Folge stehen der Unternehmung weniger Mittel für Investitionen zur Verfügung. Der Handlungsspielraum des Managements wird nun sehr eingeschränkt, am Markt zu agieren wird schwierig. Ein unausgewogenes Kundenportfolio kann in dieser Phase die Situation zusätzlich verschärfen. Springen wichtige Großkunden ab, kann nur noch passiv reagiert werden, oft über den Preis. Nun wird es kritisch. Der Umsatz und Margenverlust gehen schneller vor sich, der Wettlauf gegen die Zeit beginnt. Spätestens jetzt muss sich das ganze Management der Krise bewusst sein. Es ist fünf vor zwölf. Alarm!

Liquiditätskrise

Steckt die Firma in dieser Phase, verbleiben ohne einschneidende Maßnahmen nur noch einzelne Monate bis zur drohenden Insolvenz.

Optimismus ausstrahlen

In einer solchen Extrem-Lage hängt ein zentraler Entscheid eines Großkunden oder der Erfolg einer neuen Produktlancierung wie ein Damoklesschwert über der ganzen Organisation. Das gesamte Schicksal der Firma hängt davon ab. Alles oder nichts. Erfolg oder Misserfolg. Existieren oder liquidieren. Ein extremes Spannungsfeld, in dem Sie als Manager wie aber auch als Privatperson gefordert sind. Grundsätzlich gibt es nur eine Stoßrichtung: nach vorne schauen und an den Erfolg glauben.

Gegenüber Ihren Kunden müssen Sie eine Topperformance bieten, nie anmerken lassen, dass sich die Firma in einer turbulenten

Phase befindet. Vorhandene Schwächen ausblenden oder nur die positiven Aspekte betonen. Nie die Krise im Negativen erwähnen, sondern nur von Chancen und Potenzialen sprechen. Ihre Kunden wollen nur mit starken Partnern zu tun haben. Erfolg und eine solide Zukunftsperspektive sind der Treiber einer langfristigen Zusammenarbeit.

In Ihrem Team werden sich die Zweifler, Kritiker und Angstmacher mehr Gehör verschaffen. Der Ernst der Lage wird einer immer größeren Gruppe von Mitarbeitern bewusst. Gerüchte finden den idealen Nährboden. Umso wichtiger, dass Sie in dieser Phase Ihren Mitarbeitern die Angst nehmen. Kommunizieren Sie offen und optimistisch. Nutzen Sie jede positive Botschaft als Aufhänger. Jedes konstruktive Kundenfeedback, jeder Gewinn eines Neukunden sind es wert zu erwähnen. Suchen Sie bewusst nach „Good News" und platzieren sie diese immer und immer wieder.

Die Zeit der Ungewissheit ist aus meiner Sicht die zermürbendste Phase. Die Gerüchte und Spekulationen treiben die Angst der Mitarbeiter. Und je nachdem, drückt sich diese Angst in Zynismus, Galgenhumor oder beklemmender Stille aus. Die Stille in den Büros und Gängen hinterlässt einen bedrohlichen Eindruck. Es ist, wie wenn man inmitten eines Waldes steht und einfach nichts hört, kein Zwitschern der Vögel, kein Rauschen der Blätter oder Knacken von Ästen, es ist einfach still. Surreal und beängstigend. Zu diesem Zeitpunkt gibt's nur ein Rezept: kommunizieren, kommunizieren, kommunizieren. Auch wenn Sie nichts zu sagen haben, sich vors Team zu stellen und Fragen zu beantworten hat einen gewaltigen positiven Effekt.

In Szenarien denken

Innerhalb des Managementteams sind nun Ihre rationalen Stärken gefragt. In Szenarien denken zu können ist nun wohl die wertvollste Fähigkeit. Was sind die Konsequenzen der verschiedenen Szenarien auf die Erfolgsrechnung? Mit welchen Aktivitäten muss und kann Gegensteuer gegeben werden? Wie sehen die konkreten Strategien, Maßnahmen- und Notfallpläne beim Eintritt des Worst-Case-Szenarios aus?

Jetzt ist nur noch ein rationaler, kühler Kopf gefragt. Bereiten Sie sich auf einen steifen Gegenwind vor. Orientieren Sie sich am Worst-Case, dann sind Sie in jedem Fall für die Extremsituation vorbereitet. Verhalten Sie sich wie ein Schachspieler, immer mental einige Schachzüge vorausdenkend, dann sind Sie beim Eintreten der entsprechenden Situation mental voll bereit und wissen bereits, wie Sie reagieren werden. Das gibt Ihnen eine enorme mentale Stärke. Sie treten als Manager auf, der alles im Griff hat und bereit ist für die Herausforderung.

280m/4x
Tempo anpassen und
kühlen Kopf bewahren.
Auf alles gefasst sein!

Wie ein Tsunami, der die ganze Organisation überrollt

Auch wenn offen über den Worst Case gesprochen wurde, innerlich wird er von allen verdrängt. Tritt die Situation ein, ist es wie ein K. o. in der letzten Runde.

Sie haben bis zum Schluss für die Verlängerung des Vertrages Ihres größten Kunden gekämpft. Und dann die Absage! Ihr Hauptkunde wechselt zur Konkurrenz.

Mit den Investoren handelten Sie bis zuletzt die dringend benötigte Kapitalspritze aus. Trotz unermüdlicher Überzeugungsarbeit gab es einen negativen Entscheid. Die Umschuldung oder die überlebensnotwendigen Investitionen sind vom Tisch.

Obwohl Sie sich mit Ihren Szenarien auf diese Situation vorbereitet haben, trifft Sie die Botschaft mit voller Wucht ins Gesicht. Sie werden versuchen, an Ihren vordefinierten Strategien Halt zu finden. Dabei stellen Sie schnell fest, von einem Moment auf den andern sind Sie Teil eines Turnarounds geworden. Sie können nun nur erahnen, was in den kommenden Monaten auf Sie und Ihr Team zukommen wird. Ein Wellenbad der Gefühle, geprägt von Hoffnung, Angst, Frust und Resignation.

Die Schockstarre

Als Manager müssen Sie sofort die neue Situation akzeptieren und annehmen. Sie haben keine Zeit, mit dem Schicksal zu hadern! Nutzen Sie den Moment, um mit Ihren Kollegen aus der Geschäftsleitung die neue Ausgangslage nochmals vertieft zu besprechen und zu analysieren. Vielleicht hilft Ihnen auch ein kurzer Spaziergang, so können Sie den Kopf durchlüften und Ihre Gedanken neu ordnen.

Wie kommunizieren Sie nun die neue Ausgangslage den Angestellten? Heute sind Mitarbeiter, Lieferanten und Kunden über die sozialen Netzwerke so eng miteinander vernetzt, dass Sie schon fast gezwungen sind, gleichentags zu informieren. Versammeln Sie alle Kollegen, um sachlich über den Entscheid Ihres Geschäftspartners zu orientieren. Dass dies für die Organisation einschneidende Konsequenzen zur Folge haben wird, wird allen Beteiligten klar werden.

Die Botschaft des Managements an die Mitarbeiter ist bewusst neutral bis positiv zu formulieren: „Nun ist der Worst Case eingetreten, ein Szenario, auf welches wir uns im Vorfeld vorbereitet haben. Wir werden in den kommenden Wochen die konkrete Strategie erarbeiten und informieren Sie dann umgehend über die nächsten Schritte." Bieten Sie den Mitarbeitern danach noch die Möglichkeit, Fragen zu stellen. So, die Hiobsbotschaft ist nach wenigen Minuten draußen. Der Druck ist weg. Nun wissen es alle! Im Raum wird eine Totenstille einziehen. Alle werden wie gelähmt dastehen. In den Gesichtern werden Sie eine Leere, Hilflosigkeit und Angst sehen. Wahrscheinlich werden alle wie Roboter wieder an ihren Arbeitsplatz gehen und weiterarbeiten.

Offen kommunizieren

Machen Sie sich darauf gefasst, dass bereits am Folgetag innerhalb der Belegschaft in den Gängen, der Kantine und im Raucherbereich heftigst diskutiert wird. Wildeste Gerüchte werden die Runde machen. Angeblich gibt es bereits Namenslisten mit Dutzenden von Mitarbeitern, die entlassen werden sollen. Aber Sie als Manager wissen ganz genau: alles reine Spekulationen und Gerede.

Zu diesem Zeitpunkt werden die Anzahl Krankheitsfälle noch stabil bleiben. Schlagartig zunehmen werden aber die Internetbesuche auf Jobvermittlungsseiten. Jeder wird beginnen die Fühler nach einem neuen Job auszustrecken. Mit jedem Tag der Ungewissheit „Wird es mich erwischen?", nimmt die Angst zu. Das Klima wird sich rapide verschlechtern. Vielleicht werden Sie von einigen Mitarbeitern konkret auf die Gerüchte angesprochen. Sobald diese direkt an Sie getragen werden, ist der Zeitpunkt gekommen, vor dem Team Stellung zu nehmen. Nutzen Sie die Möglichkeit, spontan ein Status-Update zu geben. Dabei ist auch schon die Botschaft „Es gibt aktuell nichts Neues zu informieren, die neue Strategie ist in Bearbeitung, Sie werden umgehend über das weitere Vorgehen informiert." schon eine sehr wertvolle Information. Vielleicht ist es nicht mal der Informationsgehalt, der zählt, sondern die Geste, allen Mitarbeitern zuzuhören, ihnen eine Plattform zu geben und ihnen direkt in die Augen zu schauen. Jedenfalls wird der Effekt enorm sein! Selbst wenn Sie selber das Gefühl haben, nichts Neues mitgeteilt zu haben, wird Ihnen Ihr Team dafür dankbar sein.

Zwischen Hoffnung und Angst

Misstrauen lässt Mitarbeiter alles hinterfragen. Jedes Wort, Handeln, Tun oder Unterlassen wird akribisch analysiert, interpretiert und bedauerlicherweise in den meisten Fällen falsch gedeutet. Als Manager werden Sie nun auf Schritt und Tritt beobachtet. Es muss Ihnen bewusst sein, Sie kommunizieren immer. Verbal oder nonverbal, bewusst oder unbewusst. Wieso lächelt er mich heute weniger an, wieso ist er plötzlich freundlicher zur Kollegin? Was haben die Termineinträge im Kalender für Titel? Warum wird der Kollege zum Termin eingeladen und ich nicht? Wieso zeigt er sich morgens nicht mehr in unserem Büro? Schon das ganz normale Zurufen auf dem Gang: „Hast du kurz Zeit für mich …?", lässt den Betroffenen erstarren, und das ganze Team beginnt A mit dem vermeintlichen B zusammenzuzählen. Kriegt er etwa die Kündigung? Auch mit einem verschlossenen, neutralen Kuvert durch die Büros zu gehen und es einer Person auf den Arbeitsplatz hinzulegen ist eine ganz schlechte Idee. Sofort beginnt das große Tuscheln, es könnte ja ein Kündigungsschreiben drinnen stecken.

In einer solchen Krisensituation gibt es nur ein richtiges Verhalten. Bleiben Sie sich selber. Halten Sie an Ihren Ritualen fest. Verhalten Sie sich exakt so, wie Sie das schon immer gemacht haben. Sie werden von allen Seiten durchleuchtet. Stellen Sie sicher, dass alles, was Sie kommunizieren, sei es in E-Mails oder Termineinladungen, ganz klar formuliert ist und keinen Spielraum für Interpretationen zulässt. Speziell bei 1:1-Terminen bin ich gut gefahren, vor dem Versand des Termins den Kollegen kurz vorher zu informieren. Ohne Vorankündigung vom Vorgesetzten eine Termineinladung per E-Mail zu erhalten, lässt alle zusammenzucken.

Kommunizieren Sie jederzeit offen und transparent. Natürlich nur so viel, wie es die Situation zulässt, aber geben Sie den Mitarbeitern immer das Gefühl, auf dem gleichen Wissenslevel zu sein. Das schafft Vertrauen und eine gewisse Zuversicht.

Sie als Manager befinden sich gegenüber dem CEO, der Konzernleitung oder dem Eigentümer in exakt der gleichen Situation wie Ihre Mitarbeiter. Schließlich ist in einem Turnaround keine einzige Stelle sicher. Selbst wenn Sie aktiv am Veränderungsprozess mitgestalten, haben Sie nicht die Garantie, dass im Hintergrund nicht bereits Ihr Ersatz rekrutiert wird und in Lauerstellung liegt. Sie gehen einen ähnlichen Prozess der Unsicherheit durch wie Ihre Kollegen. Diese persönliche Doppelbelastung ist eine große Herausforderung. Denn anders als Ihre Mitarbeiter, können Sie nicht über die Angst des Jobverlustes offen im Managementteam sprechen. Eine Diskussion über die Szenarien „Wir scheitern, wir werden verkauft, oder ich werde entlassen" können Sie nicht offen führen. Das wäre ein absolutes Zeichen von Schwäche oder Angst. Ihre Rolle innerhalb des Managements würde sofort geschwächt.

In einem solchen Moment ist es für mich wichtig, mit einem Peer aus dem Freundeskreis die einzelnen Schritte besprechen und mögliche Szenarien analysieren zu können. Das erlaubt mir einzuschätzen, ab wann ich aktiv beginnen soll an meinem Plan B zu arbeiten. Auf jeden Fall ist es empfehlenswert, in einer solchen Ausnahmesituation Ihr persönliches Netzwerk über den Ernst der Lage zu informieren.

In einem Turnaround gibt es kein Netz und keinen doppelten Boden. Als Manager sind Sie „nur" Angestellter. Von einem Moment auf den andern können Sie selber Teil der Restrukturierung sein und Ihr Name steht auf der Liste.

Deshalb kann ich nur empfehlen, zwar mit Engagement und Elan die Transformation nach vorne zu treiben, aber bleiben Sie sich dabei immer treu. Versuchen Sie klar zwischen Job und Privat zu trennen. Auch wenn die Zeit turbulent ist, immer das Private in den Vordergrund stellen und Ihr Umfeld hegen und pflegen. Versuchen Sie genügend Kraft, Ruhe und Ausgeglichenheit in Ihrer Freizeit zu schöpfen. Das erlaubt Ihnen während dieser stürmischen Zeit einen kühlen Kopf zu bewahren. Denn Sie werden gefordert sein. In den kommenden Wochen wird das Klima im Management-Team gereizter. Ihre Kunden werden kritischer und verunsicherter. Gibt es Ihre Unternehmung noch in 3–4 Monaten? Muss ich mich nach einem alternativen Lieferanten umschauen? Ihre Zulieferer wollen umgehend mehr Sicherheiten, plötzlich beginnt die Diskussion um Abnahme-Volumen und Garantien. Und nicht zu vergessen, Ihre Mitarbeiter suchen nach neuen Optionen. Generell: es weht Ihnen ein kalter Wind ins Gesicht, täglich werden Sie mit sinkender Loyalität und Zufriedenheit konfrontiert. Sie sind gefordert, in jedem Gespräch Vertrauen aufzubauen.

Die Eigentümer überzeugen

Die Eigentümer haben in der Turnaround-Situation drei mögliche Szenarien vor Augen: Verkauf, Liquidation oder Situation mit dem Management durchstehen und das Business weiterführen. Um das Schicksal Ihrer Firma möglichst selber bestimmen zu können, haben Sie als Geschäftsleitung nur eine Option: Den Eigentümern einen straffen Restrukturierungsplan präsentieren der aufzeigt, wie innert weniger Monate ein positiver EBIT erwirtschaftet werden kann. Gehen Sie bei der Formulierung der Finanzziele von einem umsatztechnischen Worst-Case-Szenario aus. Basierend auf diesen minimalen, aber gesicherten Umsätzen und Erträge definieren Sie die Strukturen Ihrer neuen Organisation. Ziel muss es sein, die Kosten umgehend und rigoros anzupassen. Setzen Sie sich für das neue Business Modell und die neuen Dienstleistungen bewusst ganz minimalistische Umsatz-

Ziele. Für den Fall, dass Sie selbst diese Minimal-Ziele nicht schaffen, sollten Sie die zweite Restrukturierungswelle schon fix einplanen.

Mit dieser sehr konsequenten Vorgehensweise können Sie hoffentlich die Eigentümer überzeugen, von einem vorzeitigen Verkauf oder einer Liquidation abzusehen. Wird man ihnen als Management Team Zeit geben, den Plan umzusetzen, dürfen Sie sich aber noch lange nicht zu sicher fühlen. Die Situation ist fragil. Die Eigentümer können den Ernst der Lage täglich neu einschätzen und ihren Entscheid überdenken. Mit dem Ausbleiben von positiven Resultaten droht ein schnelles Ende.

Das Commitment der Eigentümer ist wie ein Strohhalm, halten Sie sich daran fest. Packen Sie Ihre Chance! Der Grundstein ist gelegt, die Transformation ist nun in der ganzen Organisation voranzutreiben.

Der Tag der Massenentlassung

Den Tag X werden Sie im engen Kreis der Geschäftsleitung minutiös vorbereiten. Ich empfehle Ihnen, an einem einzigen Tag die ganze Organisation, Abteilung für Abteilung, mit den harten Fakten zu konfrontieren. „Wir werden uns von einem signifikanten Teil der Belegschaft trennen müssen." Sprechen Sie die Kündigungen Team für Team persönlich aus. Laden Sie am Abend alle verbleibenden Mitarbeiter zu einer kurzen Informationsveranstaltung ein, wo Sie in wenigen Worten die Zukunftsstrategie zusammenfassen und das Wie und Warum kurz erläutern können. Die Abendveranstaltung ist eine erste Plattform, um direkt Fragen an das Management zu richten. Die verbleibenden Mitarbeiter sollen danach ohne Angst und mit einem Gefühl der Erleichterung, „Ich bleibe Teil vom Team!", nach Hause gehen können.

Wen wird es treffen? Wen müssen oder sollen Sie auf die Liste setzen? Bei Jobs, die komplett wegfallen, erübrigen sich die Gedanken, ob nun Mitarbeiter A oder B bleiben darf. Die Diskussionen beginnen bei mehrfach besetzten Jobprofilen. Hinter jedem Namen sehen Sie eine Person mit einem Schicksal. Je näher Sie die Kollegen kennen, umso stärker beginnt das Hadern.

Bei Angestellten, die durch eine schlechte Performance oder ein schlechtes Verhalten aufgefallen sind, wird Ihnen die Wahl einfach fallen. Nutzen Sie rationale Zahlen und Fakten als wichtigen Indikator.

Schwieriger wird der Entscheid, wenn es sich um ältere Mitarbeiter, alleinerziehende Mütter oder um Kollegen und Kolleginnen mit einem Pflegefall zu Hause handelt. Wenn rein rationale Kriterien fehlen und die Leistung der betroffenen Personen absolut vergleichbar ist, möchte ich Ihnen nahelegen, auf die persönliche Lage der Kollegen einzugehen. Setzen Sie bewusst diejenigen auf die Liste, bei denen Sie das Gefühl haben, die schaffen das, die haben eine gute Chance auf dem Arbeitsmarkt, die stecken das weg.

Aber trotz allen emotionalen Gedanken, es hat keinen Platz für Sentimentalität. Es muss allen Beteiligten klar sein: Nur mit den besten Mitarbeitern können die ambitionierten Zukunftspläne erreicht werden. Nur die Besten können bleiben. In dieser Situation gibt es keinen Platz für Nettigkeiten. Die Zukunft der Firma ist das Einzige, was wirklich zählt. Gerade wenn Sie als Führungskraft einen sehr engen Kontakt zu Mitarbeitern pflegen, ist der Entscheid „Wen setze ich auf die Liste?" eine regelrechte Herausforderung.

In dieser Situation gibt es für mich nur eine Antwort – emotionale Distanz! Obwohl Sie mit Ihrem Entscheid die Zukunft dieses Mitarbeiters massiv beeinflussen, dürfen Sie sich nie als denjenigen ansehen, der das Schicksal eines Kollegen negativ beeinflusst. Sie machen als Manager nur Ihren Job! Aber machen Sie Ihren Job so menschlich wie möglich und so distanziert wie nötig!

Der Tag der Entscheidung wird in Windeseile auf Sie zukommen. Die Anspannung, der Respekt vor der Situation und auch eine gewisse Angst werden regelrecht greifbar sein. Sprechen Sie sich innerhalb des Managementteams Mut zu. Bestärken Sie sich gegenseitig in Ihrem Tun. Dieser Schritt ist die einzige Möglichkeit, die Zukunft der Firma zu sichern. Ich empfehle Ihnen, den Tag minutiös zu takten. Im Stil eines Drehbuchs ist jeder Schritt festzuhalten, die Verantwortlichkeiten sind zu definieren und alle Eventualitäten niederzuschreiben. Vergewissern Sie sich, dass diese höchst vertraulichen und brisanten Informationen als geschützte Datei nur dem Management vorliegen.

Setzen Sie alles daran, dass Sie jederzeit die volle Kontrolle über das ganze Geschehen behalten. Dazu gehört auch, den Ausbruch von Panik zu vermeiden. Wie Sie das schaffen? Stellen Sie sicher, dass die betroffenen Teams während des Kündigungsgesprächs ihres Kollegen über den Sachverhalt informiert werden. Das schafft eine gewisse Ruhe. Was während der Entlassungsgespräche abgeht, kann sich jeder vorstellen, der selbst schon Mitarbeitern gekündigt hat. Von stoischer Ruhe – ich hab's erwartet –, Nervenzusammenbrüchen, laut schreienden oder weinenden Mitarbeitern bis hin zu verbalen Attacken werden Sie alles durchleben.

Eines dürfen Sie in dieser Situation einfach nicht vergessen: Der Ausbruch von Panik ist greifbar nahe. Denn von einem Moment auf den andern geht die Information von der Entlassungswelle wie ein Buschfeuer durch die ganze Organisation.

Führen Sie am Abend die geplante Informationsveranstaltung durch. Das Meeting soll kurz und knapp ausfallen. Als Managementteam werden Sie allen verbleibenden Kollegen in die Augen schauen, die neue Strategie präsentieren, die Kündigungswelle rechtfertigen und erste Fragen beantworten. Wahrscheinlich wird niemandem wirklich zum Zuhören und Sprechen zumute sein. Jeder wird mental beschäftigt sein, das Erlebte zu verarbeiten. Und doch ist das Zusammenkommen am Abend von großer symbolischer Bedeutung. Das war ein schmerzhafter Schnitt mit der Vergangenheit, aber mit dem versammelten Team sind wir fit für die Zukunft!

Hilfe! Seien Sie bereit
für den Notfall!

Eine emotionale Berg- und Talfahrt

Die folgenden Wochen sind geprägt von Hoffnung und Frust. Sie werden mit einer verstörenden Atmosphäre konfrontiert. Die Kollegen, welche in der Firma bleiben können, werden einen leicht gehemmten Optimismus versprühen. Die gekündigten Mitarbeiter verhalten sich komplett unterschiedlich. Die einen sind plötzlich krank, andere zeigen eine unüblich hohe Präsenzzeit, einige versuchen ihren Frust mit Zynismus zu überdecken. Angestellte, die sonst sehr korrekt und angenehm waren, äußern sich plötzlich in einer frechen und vorlauten Art. Gewisse hadern mit ihrem Schicksal und suchen vielleicht das direkte Gespräch mit Ihnen, um im Detail herauszufinden, wieso gerade sie ausgewählt wurden. Andere werden einfach nur stoisch ruhig bleiben und bis zum letzten Arbeitstag einen tollen Einsatz zeigen. Ich habe in einer vergleichbaren Situation sogar erlebt, dass eine Person ein Abschiedsfest organisiert hat und ihrem Vorgesetzten als Dank für die gute Zusammenarbeit Blumen mitgebracht hat. Sie werden Szenen erleben, die Sie so nie erwarten würden.

Aber auch die verbleibenden Mitarbeiter werden sich nicht alle sicher fühlen. Einige haben fest damit gerechnet, dass auch ihr Name auf der Liste steht. Diese sind nun regelrecht perplex, dass sie bleiben dürfen. Diese haben aber leider bereits im Vorfeld der Bekanntgabe mental gekündigt und werden schon voll im Bewerbungsprozess involviert sein. Das wird einigen anderen Angestellten nicht unverborgen bleiben. Dabei habe ich eine weitere Facette des Turnarounds kennengelernt. Kollegen werden zu Spitzeln. Ob sie nun mir gegenüber ihre besondere Loyalität unter Beweis stellen oder sich einfach in Szene setzen wollten, sie kamen zu mir ins Büro und haben mir alle Details rapportiert: Wer hatte wann ein Bewerbungsgespräch, wer hatte auffällige Termineinträge in der Agenda, und wer hatte plötzlich suspekte private Telefontermine während der Arbeitszeit.

Dieses Verhalten empfand ich als sehr beschämend und hab immer zum Ausdruck gebracht, dass ich es nicht toleriere.

Vielleicht werden Sie in einzelnen Fällen auch mit Mobbingvorwürfen konfrontiert. Wenn einer plötzlich mehrere Tage krankheitshalber ausfällt, wird das schnell von allen Beteiligten infrage gestellt. Sie als Vorgesetzter haben vielleicht das Arztzeugnis vorliegen. Das hält aber andere nicht davon ab, per SMS oder Social Media Gerüchte über die Person zu verbreiten. Solches Verhalten darf auch in den turbulentesten Zeiten nicht akzeptiert werden und ist zu ahnden.

Während einer solchen Ausnahmesituation ist das Misstrauen so groß, dass alles unternommen werden muss, um möglichst schnell Ruhe zu schaffen: Störenfriede sind sofort zur Rede zu stellen. Die generellen Spielregeln sind deutlich zu kommunizieren.

Parallel ist es aus meiner Sicht sehr wichtig, die gekündigten Personen bei der Arbeitssuche sofort zu unterstützen. Es ist nichts als fair, Zwischenzeugnisse sofort und auf professionellem Niveau zu erstellen. Aber Achtung: Es ist gut möglich, dass Sie nach dem Aushändigen des Zeugnisses eine schlagartige Verschlechterung der Arbeitsmoral feststellen. Auch hier rate ich, nicht zu zögern und sofort die Spielregeln klar zu kommunizieren. Generell: Wenn ein Gekündigter nur noch Unruhe stiftet, kann ich bloß empfehlen, zusammen mit der Personalabteilung umgehend das Gespräch mit diesem Mitarbeiter zu suchen. Als letzte Lösung ist eine Freistellung in Betracht zu ziehen.

Nach einer Entlassung verhält sich jedes Individuum anders. Selbst Kollegen, die immer das Maximum gegeben haben, können sich ändern. Deshalb bei strategischen Projekten sofort sicherstellen, dass sie nur noch von Mitarbeitern geleitet werden, die auch künftig in der Unternehmung verbleiben. Ansonsten rate ich, die Verantwortlichkeiten schnellstmöglich neu zu regeln.

Neue Wege gehen

Bereits einige Tage nach der Bekanntgabe der Restrukturierung und nach der wiederholten Präsentation Ihrer neuen Strategie werden Sie eine sanfte Welle der Begeisterung und Hoffnung sowie einen Glauben an die Zukunft spüren. Diese Aufbruchsstimmung setzt neue Energie und Kreativität frei. Bei einigen aus voller Überzeugung. Bei den anderen ist es vielleicht nur reiner Zweckoptimismus. Das spielt eigentlich keine Rolle. Hauptsache, es geht ein positiver Ruck durch die Organisation. „Wir haben eine Zukunft. Wir haben es in den Händen, diese Zukunft neu zu gestalten."

Trotzdem wird sich in den Folgewochen eine etwas diffuse Parallelgesellschaft in ihrer Organisation entwickeln. Kollegen, die bleiben, und all die anderen, die die Firma verlassen müssen. Denn die letztgenannten machen genau im alten Trott weiter. Vielleicht sind sie öfters krank oder sind mehr und länger in der Pause. Sie werden nicht mehr in Meetings oder in den Veränderungsprozess involviert und kriegen vom ganzen Wandel kaum noch was mit. Mental sind die meisten mit der beruflichen Neuorientierung beschäftigt, die Zukunft der Firma ist ihnen als Konsequenz der Entlassung ziemlich egal. In den sozialen Medien lässt der ein oder andere mit vernichtenden Kommentaren seinem Frust über die Situation freien Lauf. Diese Kollegen werden in den kommenden Wochen schleichend, einer nach dem andern ausscheiden. Danach zieht Ruhe ein, die perfekte Basis für den Neustart.

Diese Aufbruchsstimmung ist von der Geschäftsleitung bis hin zum Lagermitarbeiter in der ganzen Organisation zu entfachen. Jeder Einzelne hat genau zu wissen, wie sich die Firma in Zukunft auf dem Markt erfolgreich positionieren und differenzieren möchte. Wiederholen Sie ihre Botschaft immer und immer wieder! Jeder hat genau zu verstehen, wohin die Reise gehen soll.

Am gleichen Strick ziehen

Zuerst gilt es, sich als Geschäftsleitungsteam auf die neue Strategie einzuschwören. Dabei wird sich schnell herausstellen, dass zwar alle im Grundsatz das gleiche Ziel vor Augen haben, bei der Umsetzung aber jeder eine komplett andere Vorstellung hat. Was Sie zusammen erreichen wollen, wird nicht zur Diskussion stehen. Aber beim Wie werden wahrscheinlich konträre Interessen aufeinanderprallen. Sich von langjährigen Schemas und Verhaltensweisen zu lösen, verlangt zahlreiche, zum Teil heftige Diskussionen. Gerade wenn es um Kernthemen wie Kundennutzen, Kundenfokus oder Qualität geht, treffen teils unterschiedlichste Weltanschauungen aufeinander. Um die Strategie aber allen Stakeholdern möglichst plausibel und überzeugend darstellen zu können, ist die genaue Formulierung des „Wie" zentral.

In der Turnaround-Phase fehlen Ihnen zwei Dinge: Zeit und Geld. Es ist fundamental, dass die Idee einfach, klar und ganz konkret formuliert ist. Alle müssen dahinterstehen. Es bleibt keine Zeit, den gewählten Weg immer und immer wieder zu hinterfragen oder Ziele neu zu definieren. Ist die Strategie mal definiert, muss alles daran gesetzt werden, dass die ganze Organisation mit Vollgas in die gleiche Richtung rudert.

Jetzt gilt es, alle Kollegen ins Boot zu holen! Aber wie? In einem ersten Schritt werden die Mitarbeiter auf Team-Level stufengerecht über die Zukunftspläne und die angestrebte Umsetzung informiert. Es werden konkrete Handlungsfelder aufgezeigt.

Was müssen wir zusammen verändern, damit das neue Geschäftsmodell schnell und profitabel umgesetzt werden kann? Jeder Mitarbeitende hat nun die Möglichkeit, seinen aktiven Beitrag zu leisten.

Erstellen Sie pro Handlungsfeld einzelne Transformationsprojekte. Ein Projektleiter übernimmt die Verantwortung und stellt sich sein Team mit den relevanten Know-how-Trägern zusammen. Pro Projekt steht ein Geschäftsleitungsmitglied als Pate mit Rat und Tat zur Seite.

Stellen Sie sicher, dass Sie sich auf die relevanten und wichtigen Themen fokussieren. Mitarbeiter sollten parallel nicht in mehr als drei Teams im Einsatz sein. Durch diese Transformationsprojekte ist ein Großteil ihrer Organisation im Veränderungsprozess selber aktiv involviert.

In der ganzen Unternehmung werden der Wandel und die Dynamik konkret und spürbar. „Wir packen zusammen die Zukunft der Firma an!" Das löst eine regelrechte Euphorie aus. Ideen sprudeln, schnell werden erste Maßnahmen präsentiert. Ganz wichtig, überfordern Sie Ihre Kollegen nicht, parallel muss das Tagesgeschäft immer noch einwandfrei funktionieren. Fokussieren Sie sich deshalb auf die Kernprojekte.

Fokus, Fokus, Fokus. Hinterfragen Sie im Geschäftsleitungsteam in regelmäßigen Abständen, ob sich die Projekte in die gewünschte Richtung entwickeln und generell der Schwerpunkt richtig gesetzt ist. Dank dieser konsequenten Vorgehensweise werden Sie in den Folgewochen die Kernprojekte maßgeblich vorantreiben können.

Partner informieren und involvieren

Ihre Großkunden werden selbstverständlich von der turbulenten Phase einiges miterleben. In dieser Situation die Kunden zu überzeugen, dass Sie alles im Griff haben und auf Kurs sind, ist schwierig. Überschäumender Optimismus würde schnell als Zweckoptimismus interpretiert.

Es ist wichtig, die relevanten Geschäftspartner aus erster Hand ganz rational zu informieren. Welche Kunden haben Sie im Portfolio, wie lange laufen einzelne Verträge, welche Geschäftsbeziehungen wurden aufgelöst, bis wann werden wie viele Mitarbeiter die Firma verlassen. Im gleichen Atemzug sollten Sie die Eckpfeiler Ihrer neuen Strategie aufzeigen und dabei die Vorteile der neuen Produkte und Dienstleistungen präsentieren. Die Reaktionen werden neutral bis sehr positiv ausfallen.

Vielleicht gelingt es Ihnen ja, für die Lancierung Ihrer neuen Produkte einen ersten Kunden für einen Feldtest zu gewinnen. Sie haben bestimmt schon die gleiche Erfahrung gemacht. Wenn Sie ein neues Konzept oder eine neue Dienstleistung direkt bei einem etablierten Marktteilnehmer testen und umsetzen können, ist der erste und wichtigste Schritt zu einer erfolgreichen Lancierung gemacht.

In einem Restrukturierungsfall haben Sie definitiv keine Zeit. Und was man auf dem Markt selten kriegt, ist eine zweite Chance. Deshalb müssen Sie alles daransetzen, möglichst schnell Ihre neue Geschäftsidee zum Fliegen zu bringen. Scheitern gibt's nicht. Sie haben exakt eine Chance, und damit müssen Sie voll ins Schwarze treffen. Es muss ein Erfolg werden!

Klartext sprechen

Der hinterst und letzte Mitarbeiter hat zu verstehen, wie schlimm es um die Firma steht. Wenn es Ihnen nicht gelingt, sich mit neuen Produkten und Dienstleistungen zu differenzieren und damit verbunden die Marge zu erhöhen, können Sie in Kürze den Laden dichtmachen. Sie werden überrascht sein, wie viel Energie es benötigt, jeden aus seiner Komfortzone zu locken. Es wird Sie viel Überzeugungsarbeit kosten, bei diesen Kollegen den Widerstand zu lösen und sie zu bewegen, konstruktiv am Projekt „Zukunft" mitzuarbeiten.

Mit dem „Go" des ersten Kunden wird alles real und fassbar. Für Sie als Firma, wie aber auch für Ihre Lieferanten. Dass Sie so schnell mit einem realen Kunden das Konzept umsetzen, wird alle überraschen. Auch die Eigentümer.

Auf Rückschläge vorbereitet sein

Einige Wochen nach der großen Kündigungswelle wird dann eintreten, was sie innerlich versuchten zu verdrängen. Wichtige Teamstützen, Personen, auf denen sie aufbauten, legen Ihnen die Kündigung auf den Tisch. Ein riesiger Dämpfer für alle Beteiligten. Übelnehmen dürfen Sie es den Kollegen nicht, schon gar nicht persönlich nehmen. Die Sachlage ist und bleibt für alle Beteiligten einfach riskant. Die Angst, den Job zu verlieren, verleitet, sich frühzeitig nach Alternativen umzuschauen. Das Risiko ist natürlich in einem Turnaround latent präsent. Selbst Sie als Führungsperson können es nicht final einschätzen und tappen zum Teil im Dunkeln. Sie müssen die Situation akzeptieren und hoffen, dass im Folgemonat nicht noch mehr Mitarbeiter den gleichen Schritt machen.

Besetzen Sie nun jede frei gewordene Stelle gleich nach, mit dem Risiko, dass Sie die Person in wenigen Wochen schon wieder freistellen müssen? Ich empfehle Ihnen, nur die absoluten Schlüsselrollen mit Führungsverantwortung wiederzubesetzen.

Die Aufgaben der nicht besetzten Stellen sind innerhalb des Teams zu verteilen. Die Kollegen werden bereit sein, die zusätzliche Verantwortung und Arbeitsbelastung zu tragen, aber nicht zum Nulltarif. Rechnen Sie damit, dass nun auf allen Stufen Lohnforderungen gestellt werden. Die Situation ist klar. Die Mitarbeiter realisieren relativ schnell, dass Ihnen die Optionen langsam ausgehen. Viele werden für die Organisation plötzlich unersetzlich. Nur sie kennen die Prozesse, sie wurden zu zentralen Know-how-Trägern. Nur mit ihnen kann die Firma reibungslos funktionieren.

Bevor Sie nun auf die zahlreichen Forderungen eingehen, sollten Sie alle Schlüsselfunktionen und die entsprechenden Stelleninhaber bewerten. Wie wichtig ist die Position? Wie ist der Leistungsausweis des aktuellen Stelleninhabers, und wie groß ist sein Entwicklungspotenzial? Als letzter Schritt ist zu beurteilen, wie groß das Risiko einer Kündigung ist.

Für alle Topperformer, die systemrelevante Positionen belegen und für Sie ein latentes Kündigungsrisiko ausmachen, erstellen Sie einen Retention-Plan. Zum Beispiel in Form eines zusätzlichen Bonus oder einer Gewinnbeteiligung.

Schlüsselpersonen mit neuen Verantwortlichkeiten würde ich proaktiv neue Lohnangebote und attraktive Jobbezeichnungen anbieten. Alle Personen, die einfach versucht haben, die Gunst der Stunde auszunutzen, gehen leer aus. Auf ihre Forderungen ist nicht einzugehen, mit dem bewussten Risiko, dass auch sie die Firma verlassen werden.

In Zeiten des Turnarounds kann ich nur empfehlen, Teamstützen mit einem Mitarbeiter-Bindungsprogramm zu motivieren und noch stärker an die Firma zu binden.

Personalgewinnung während der Krise

Wie soll ich einem interessierten Kandidaten die Situation der Firma erklären? Die Probleme am Rande erwähnen? Nichts sagen? So tun, als hätten wir alles im Griff?

Auch wenn Sie während ihrer Laufbahn schon unzählige Anstellungsgespräche geführt haben, lohnt es sich gut auf das erste Interview vorbereitet zu sein. Denn die Vorzeichen stehen in einem Turnaround anders. Wie wollen Sie die Lage der Unternehmung beschreiben? Wer will schon gern eine neue Stelle bei einer Krisenfirma antreten? Eventuell kommt im Vorfeld des Interviews ja sogar bei Ihnen eine Art Skrupel auf. Will ich Personen aus einem sicheren Job in unser fragiles Umfeld locken?

Die Kandidaten haben eine offene und ehrliche Darstellung der Situation verdient. Wieso in der Gesprächseinleitung nicht mit markigen Worten wie Krise, Turnaround, Kündigungswelle oder Kundenverlust die Tragweite der aktuellen Situation so transparent wie möglich darstellen. Das schafft für Sie und den Kandidaten maximalen Einblick. Denn Sie werden an der Reaktion des Bewerbers direkt erkennen, ob er mental bereit ist diese Herausforderung anzunehmen. Der Gesprächspartner soll mit konkreten Beispielen aufzeigen, wie er selber schon in vergleichbaren Krisensituationen agiert hat.

Bei Neubesetzungen gibt es für mich nur eins, mit absoluter Offenheit und Transparenz kommunizieren.

Die Ernte von morgen.

Mit Distanz zum Erfolg

Wie verhält man sich als Führungskraft in einer solch turbulenten Phase gegenüber dem eignen Team, den Kollegen aus der Geschäftsleitung, Kunden und Lieferanten?

Die große Herausforderung besteht darin, nicht selber von der Situation vereinnahmt zu werden. In gewissen Momenten hat das drohende Aus der Firma die Wirkung eines schwarzen Loches, welches alles magisch anzieht und verschlingt, was ihm zu nahekommt.

Ich persönlich habe die ganze Transformationsphase aus einer Art Vogelperspektive beobachtet. Mit der nötigen Distanz verschaffte ich mir sozusagen aus der Ferne einen guten Überblick. Die Gespräche mit den Mitarbeitern und die Diskussionen innerhalb der Geschäftsleitung waren für mich wie einzelne Bühnen und Schauplätze, die ich aus der Entfernung verfolgte. Dank dieser Position hatte ich immer den Blick fürs Ganze. Ich blieb fokussiert und behielt einen klaren Kopf. Ich konnte mich vor Konflikten, persönlichen Vorwürfen und verbalen Attacken schützen. Dadurch sparte ich mir wertvolle Energie. Es erlaubte mir, mit einer gewissen Lockerheit meinen Verantwortungsbereich durch die kritische Phase zu navigieren.

Erst in der Krise kommen der wahre Charakter und die echte Führungsqualität zur Geltung. Schönwetter-Manager zu sein ist einfach. Im Sturm auf Kurs zu bleiben erfordert Biss, Können und Mut.

Der Zukunft entgegen

Egal wie turbulent oder aussichtslos die Ausgangslage auf den ersten Blick erscheint, es gibt nur eine Richtung! Die Zukunft liegt vor uns. Nur wer immer vorwärtsschaut, geht direkt auf sie zu. Mit jedem Schritt nach vorne bauen Sie an Ihrem Erfolg von morgen. Nur die Vorwärtsbewegung bringt Sie weiter.

Diskutieren Sie mit Ihrem Umfeld die verschiedenen Optionen. Das wiederum führt zu neuen Erkenntnissen, denn in jedem Gespräch wird Ihr Vorgehen aus einem zusätzlichen Blickwinkel reflektiert. Der Perspektivenwechsel ist gleichzeitig Inspiration und Horizonterweiterung.

Jeder hat das Recht, das IST aus seinem Blickwinkel zu beurteilen. Es gibt nicht DIE Wahrheit oder DIE Realität oder DIE richtige Zukunft. Wenn Sie im Gespräch Ihre Standpunkte abtesten, haben Sie einen Gradmesser, wie Ihr Weg wahrgenommen wird und ob Ihr Tempo und Ihr Kurs im Einklang mit Ihrem Umfeld sind. Vielleicht kommen Sie zum Entschluss, dass Sie schneller vorankommen oder eine andere Richtung einschlagen möchten. Dann ist jetzt der Zeitpunkt gekommen, die Weichen neu zu stellen.

Im Gegensatz zu einer Bergsteigergruppe haben Sie niemanden vor sich, der Ihnen Schritt für Schritt den Weg vorbahnt. Es ist Ihre Zukunft. Gehen Sie Ihren Weg. Sie sind Ihr eigener Tempomacher und Ihr eigener Kompass.

Kühlen Kopf bewahren

Als Führungskraft sind alle Blicke auf Sie gerichtet. Mitarbeiter wünschen sich vom Management Halt und Sicherheit. Lieferanten und Kunden suchen in Ihnen auch langfristig einen zuverlässigen Partner. Und der Eigentümer zählt darauf, dass Sie das Ruder rumreißen. Unterschiedlichste Ansprüche, denen Sie jederzeit gerecht werden möchten.

Nicht zu vergessen sind die eigene Erwartung an sich selber. Man möchte sich beweisen, dass man dieser Ausnahmesituation gewachsen ist und alles im Griff hat. Die Versuchung ist groß, alles dem Erfolg unterzuordnen. Von morgens bis abends ist man gedanklich mit der Rettung der Firma beschäftigt. Ist als Erster früh morgens im Büro, kehrt abends als Letzter nach Hause. Mit viel Einsatz und Engagement wird versucht das Glück des Tüchtigen auf seine Seite zu kriegen. Kein Zweifel, ohne Extraeffort wird es schwierig, den Turnaround zu schaffen.

Zentral ist aber, dass sich der Turnaround nicht zu Ihrem Lebensmittelpunkt entwickelt. Die Gefahr ist groß, dass schleichend alles der Rettung des Unternehmens untergeordnet wird. Den Sport sage ich ab, das Treffen mit Freunden verschiebe ich, das gemeinsame Nachtessen mit der Familie muss ohne mich stattfinden. Halt!

Ja, Sie sind aktuell in einer Extremsituation, die viel von Ihnen abverlangt. Aber versuchen Sie, es ganz sachlich zu beurteilen. Sie machen einfach Ihren Job, nicht mehr und nicht weniger. Um diesen Herausforderungen gerecht werden zu können, müssen Sie selber in Ihrer Mitte sein. Wer mit sich selber zufrieden ist, sich in seiner Haut wohlfühlt und zu sich selbst Sorge trägt, kann daraus die nötige Kraft schöpfen. Kraft, die es Ihnen erlaubt, auch jetzt einen kühlen Kopf zu bewahren. Kraft, die Ihnen auch in angespannten Momenten die nötige Lockerheit verleiht. Kraft, die Sie bei intensiven Meetings und Verhandlungen benötigen.

Ich habe oberste Priorität

Freuen Sie sich an Ihrem Leben. Dazu hilft es, eine Trennlinie zwischen Privatleben und der turbulenten Situation im Job zu ziehen. Die Freizeit in vollen Zügen genießen. Jeder Moment mit der Familie, dem Partner und Freunden macht zufrieden, baut auf und lenkt Ihre Gedanken ab. Ihr soziales Umfeld ist der beste Ausgleich, ein Energiespender.

Stellen Sie sicher, dass Sie Ihren Stress aus der Firma im „Büro“ liegen lassen und dadurch unbelastet Ihre Freizeit genießen können. Es ist zwar einfach gesagt, verlangt aber viel Disziplin: Missbrauchen Sie ihre Privatsphäre nie als Blitzableiter.

Das passende Arbeitsumfeld schaffen

Gestalten Sie Ihren Arbeitsplatz so gemütlich wie möglich, Sie müssen sich dort wohlfühlen.

Tragen Sie bequeme Kleider. Klar, Sie sind im Business gewissen Kleiderrestriktionen unterworfen, aber probieren Sie sich von allen einschränkenden Uniformitäten zu lösen. Wozu brauchen Sie heute eine Krawatte? Warum immer ein weißes Hemd? Auf welches Outfit haben Sie am meisten Lust? Kleiden Sie sich doch in Ihrer Lieblingsfarbe.

Bei Ihnen zu Hause läuft im Hintergrund bestimmt oft Ihre Lieblingsmusik. Sie genießen die gewohnten Düfte in Ihren eigenen vier Wänden. Nutzen Sie diese Wohlfühlelemente ganz bewusst in Ihrem Arbeitsumfeld. Sofern es die räumlichen Gegebenheiten im Büro erlauben, hören Sie doch einfach Ihre Lieblingsmusik im Hintergrund.

Warum nicht mit Blumen, Früchten oder Duftstäbchen Ihnen vertraute Düfte im Büro verbreiten?

Lassen Sie regelmäßig frische Luft in Ihre Räumlichkeiten. Oder stellen Sie sich einfach einige Minuten ans Fenster und genießen es tief einzuatmen und frische Luft zu tanken.

Gönnen Sie sich während der Pausen genügend Bewegung. Die Zeit für einen kurzen Spaziergang findet sich immer. Jede Möglichkeit, sich zu bewegen, zählt. Das hält Ihren Körper fit und hilft Ihnen Ihren Geist zu entfalten.

Die Anforderungen von morgen: Flexibilität

Ballast abwerfen – loslassen können

Agilität und Flexibilität sind aktuell die Zauberworte. Möchte man sich in schnell verändernden Märkten etablieren und durchsetzen, gilt es sich von den Rezepten von gestern zu lösen. Was gestern noch die Regel war, ist morgen die Ausnahme. Seien Sie offen für Trends, neue Technologien, neue Prozesse. Gehen Sie mit offenen Augen und Ohren durchs Leben.

Sich schnell zurechtfinden

Warum ist es so schwer, langjährige Mitarbeiter aus ihrer Komfortzone herauszubringen? Sie fühlen sich wohl und sicher. Alle Prozesse und jeder Handgriff sind ihnen vertraut, es geht schon fast wie im Schlaf. Dieses Gefühl von „Ich habe alles unter Kontrolle" gibt ihnen viel Sicherheit, blockiert sie aber mental, etwas Neues auszuprobieren. Zu groß ist die Angst vor dem Unbekannten und vor dem Scheitern.

Unser zukünftiges Arbeitsumfeld wird jedoch genau von diesem schnellen Wandel geprägt sein.

Wer künftig erfolgreich als Manager agieren möchte, muss sich genau auf diese schnell wandelnden Verhältnisse einstellen können. Sie müssen bereit sein, sich zügig in einem neuen Projekt oder einem neuen Netzwerk zurechtzufinden, um umgehend produktiv wirken zu können.

1 – 2 – 3 entscheiden!

Die Managerwelt dreht sich immer schneller. Informationen stehen in Echtzeit fast jedem Interessierten zur Verfügung. Ein Wissensvorsprung besteht nur noch in seltenen Fällen, Zeit für langwierige Analysen und Interpretationen bleibt kaum noch. „Time to market" wird in allen Industrien ein immer wichtigerer Erfolgsfaktor. Sie als Manager müssen schnell entscheiden können. Sich dabei raschen Zugang zu den relevanten Informationen zu verschaffen, ist zentral.

Hohe Eigenverantwortung

Sie arbeiten in Netzwerken und sind Ihr eigener Chef. Ein Stellenprofil oder eine Stellenbeschreibung sind Schnee von gestern. Von Ihrem Auftraggeber erhalten Sie ein Projektziel oder vielleicht ein Lastenheft, der Weg zum Ziel ist Ihnen überlassen. Von Ihnen als Manager wird erwartet, dass Sie sich selber organisieren, die nötigen Kontakte schmieden, sich das relevante Wissen aneignen und Zugang zu nötigen Ressourcen verschaffen.

Werden Sie zum Netzwerker

Das Arbeiten im Netzwerk bedarf zweier grundsätzlicher Fähigkeiten: Die Wahl des richtigen Partners, welche ein effektives Arbeiten ermöglicht, sowie eine effiziente Art der Zusammenarbeit innerhalb des Netzwerkes. Je besser es auf Ihre Bedürfnisse und Ihre Aufgabenstellung abgestimmt ist, umso erfolgreicher agieren Sie auf dem Markt.

Schaffen Sie Mehrwert

Wie viel Ihrer Zeit vergeuden Sie mit Arbeiten, die keinen Mehrwert generieren? Sie werden erschrecken, wie oft Sie Reporte oder Berichte erstellen, ohne je ein Feedback zu erhalten. Sie haben ja nicht mal die Gewissheit, ob sie gelesen wurden. Oder wie oft haben Sie sich ertappt, dass Sie stundenlang das Design von einzelnen Präsentationsfolien optimiert haben. Zu oft wird versucht, ein ultimatives Qualitätslevel zu erreichen. Doch wahrscheinlich würde etwas weniger auch komplett ausreichen. Viele würden den Unterschied kaum merken. Sie haben aber für das Erreichen der absoluten Perfektion überproportional viel Zeit und Energie investiert.

Nutzen Sie Ihre wertvolle Zeit, Mehrwerte zu generieren. Liefern Sie Daten, Informationen, Dienstleistungen, die für den Empfänger von großem Nutzen sind. Sie untermauern dadurch die Wichtigkeit Ihrer Arbeit und festigen Ihre Position auf dem Markt.

Mein Erfolgsgeheimnis

Ich bleibe standhaft und lasse mich nicht blenden!
Ich beobachte aus der Distanz.
Ich fokussiere mich aufs Wichtigste.
Ich bleibe mir treu.
Ich bin mutig. Stehe zu meinen Entscheidungen.
Ich kommuniziere offen und transparent.
Ich bin konsequent in der Umsetzung.
Es gibt nur eine Richtung. Nach vorne schauen. Die Zukunft liegt vor mir.

Freude am Vorwärtsgehen

Das Erfahrene, ob gut oder schlecht, ins positive Licht bringen. Ob ein kleines oder großes Problem, machen Sie keinen Unterschied und nehmen Sie sich beiden an. Das kleine Problem zu lösen erspart Ihnen vielleicht große Folgeprobleme in der Zukunft. Es gibt nie nur Schwarz oder Weiß – es gibt nur Freude am Vorwärtsgehen.

Bereiten Sie Ihre Kinder auf die Zukunft vor. Als Erwachsener habe ich mein ganzes Leben Erfahrungen gesammelt. Meine Werte haben sich in der Zwischenzeit teils verändert, der heutige Zeitgeist prägt mein Verhalten. Als Vater von drei Töchtern sehe ich es als meine Pflicht, meinen Lernprozess an meine Kinder weiterzugeben. Ich muss meinen Kindern die Chance geben, ebenfalls ihre eigenen Erfahrungen sammeln zu können. Dabei ist ein Aspekt zentral für mich. Die Kinder sollen trotz aller Ablenkung lernen, sich auf das Wesentliche zu konzentrieren.

Ermuntern Sie Ihre Kinder möglichst viele Optionen auszuprobieren. Ob im Sport, Musizieren oder kreativem Gestalten, lassen Sie sie ihre eigenen Erfahrungen sammeln. Überlassen Sie Ihren Kindern den Entscheid, welchem Hobby sie wie lange nachgehen möchten. Sie sollen wählen, was ihnen am besten zusagt und sie am meisten motiviert und begeistert. Der heutige Zeitgeist verlangt für alles offen zu sein, um flexibel auf neue Situationen reagieren zu können. Diese Flexibilität haben wir als Erwachsene während der letzten Jahre verinnerlicht, nun liegt es an uns, auch unsere Kinder auf diese sich schnell wandelnde Zeit vorzubereiten.

Ich wünsche Ihnen Enthusiasmus, Freude, den Tag mit all den Höhen und Tiefen ins richtige Licht zu bringen. So schaffen Sie als Manager die Basis für Ihren Erfolg von morgen. Nehmen Sie Schritt für Schritt, immer mit dem Positiven vor Augen!

Viel Erfolg beim Erreichen Ihrer Ziele.

Freundlichst
Ihr Roman Köppel.

Der Autor

Roman Köppel, 1973 in der Schweiz geboren, studierte an der Universität St. Gallen Betriebswirtschaft. Beruflich verfügt er über nationale und internationale Führungserfahrung als Bereichsleiter und Mitglied der Geschäftsleitung namhafter Firmen. Er war Mitbegründer eines Digital-Start-ups und amtete als Präsident des Verwaltungsrates. Roman Köppel ist Manager, Keynote-Speaker und Seminarleiter und sieht sich selbst als strategisch denkenden, umsetzungsorientierten Machertyp. Er ist sich gewöhnt, Resultate zu liefern.

Als Pfadfinderleiter übernahm er mit Freude Führungsverantwortung und lernte Jugendliche zu motivieren. Das ist auch heute ein prägendes Element seines Führungsstils als Manager.

Roman Köppel ist verheiratet und hat drei Kinder. Er bezeichnet sich als Familienmensch. In seiner Freizeit treibt er gerne Sport und ist Hobby-Gärtner.